GRUNDLAGEN UND GEDANKEN

Bertolt Brecht

DIE DREIGROSCHENOPER

von Dieter Wöhrle

DIESTERWEG

Grundlagen
Gedanken

Drama

Bertolt Brecht
Die Dreigroschenoper

Herausgegeben von
Hans-Gert Roloff

Erarbeitet von
Dieter Wöhrle

© 1996 Bildungshaus Schulbuchverlage
Westermann Schroedel Diesterweg Schöningh Winklers GmbH, Braunschweig
www.diesterweg.de

Druck A⁴ / Jahr 2007
Alle Drucke der Serie A sind im Unterricht parallel verwendbar.

Satz: Textservice Zink, Schwarzach
Druck und Bindung: westermann druck GmbH, Braunschweig

ISBN 978-3-425-06097-2

Inhalt

1 Allgemeine Grundlagen

»Meine Kreise stimmen. Ein Jahrzehnt nach dem ersten Weltkrieg entstand die »Dreigroschenoper«, ein Jahrzehnt nach dem zweiten Weltkrieg lebt sie in einem neuen Hexenkessel wieder auf. Wenn sie nach einem dritten Weltkrieg zurückkommt, wird man die ganze Welt für drei Groschen kaufen können ...«

(Bertold Brecht)

1.1 Zur Entstehungs- und Publikationsgeschichte

Die *Dreigroschenoper* ist zweifellos Bertold Brechts erfolgreichstes und zugleich bekanntestes Werk, sei es auf Grund seiner zahlreichen Aufführungen, die es mitunter zum meistgespielten Theaterstück einer Bühnensaison machten, sei es dank der Popularität seiner Songs, die inzwischen von Schauspielern über Schlagersänger bis hin zu Rockgruppen interpretiert werden. Brecht hatte daher in den 50er-Jahren Sorge, er »werde in die Literatur eingehen als ein Mann, der den Vers geschrieben hat: »Erst kommt das Fressen, dann kommt die Moral« (Mayer 1971, S. 56). Dennoch werden diese und andere Zeilen aus dem Stück ständig zitiert, und es vergeht kaum ein Monat, in dem nicht irgendwo eine Aufführung zu sehen ist, so dass heute feststeht: Der Erfolg dauert und dauert ...

Davon ahnte wohl keiner der Zuschauerinnen und Zuschauer etwas, die am 31. August 1928 im Berliner Theater am Schiffbauerdamm ein Stück sahen, von dem es auf dem Programmzettel hieß: »Die Dreigroschenoper (The Beggars Opera). Ein Stück mit Musik in einem Vorspiel und 8 Bildern nach dem Englischen des John Gay. (Eingelegte Balladen von François Villon und Rudyard Kipling). Übersetzung: Elisabeth Hauptmann. Bearbeitung: Brecht. Musik: Kurt Weill« (Mat I, Bild 7).

Der Vielzahl der Autoren entsprechen die vielen Veränderungen an diesem Text, die noch immer zu jenen Verwirrungen führen, die der Verleger Peter Suhrkamp bereits 1959 gegenüber der Mitarbeiterin und damaligen Editorin Brechts, Elisabeth Hauptmann, beklagte:

»[...] stellen Sie sich einen Brecht-Interessenten in zehn Jahren vor. Er trifft nun auf die verschiedenen Ausgaben mit den verschiedenen Fassungen aus ungefähr derselben Zeit oder sogar aus demselben Jahr. Für ihn stellt sich doch die Frage, welches ist nun der wirkliche Brecht-Text? Allgemein ausgedrückt: Wir selbst schaffen mit dieser Methode für die Zukunft völlige Unsicherheit und Unklarheiten bezüglich der echten Brecht-Texte« (Voit 1975, S. 344).

Bis heute ist die Publikationsgeschichte der *Dreigroschenoper* Gegenstand zahlreicher Analysen (vgl. Speirs 1977, Giles 1989), wobei die strittigen Fragen bereits bei der Autorschaft beginnen. Ungeachtet der wechselseitigen, meist versteckten Unterstellungen der Brecht- und Weillforschung, wem der Erfolg der Theaterproduktion zu verdanken sei, unter wessen Namen das »*Dreigroschenschiff*« segeln dürfe, bis hin zur prozentualen Aufschlüsselung der Produktionsanteile, wird die *Dreigroschenoper* als ein Theaterstück Bertolt Brechts mit der Musik Kurt Weills behandelt, zu dem Elisabeth Hauptmann die Vorlage lieferte. Dies deckt sich mit dem im Frühjahr 1928 abgeschlossenen Bühnenvertrag über die Verteilung der Tantiemen, wonach Brecht 62,5 %, Weill 25 % und Hauptmann 12,5 % bekommen sollte (Fuegi 1986, S. 166). Nach der Affäre um »Brechts Copyright«, d. h. um Brechts Übernahme einiger Villon-Verse in Karl Klammers Übersetzung, erhielt dieser 1930 2,5 % und Brecht nur noch 60 %.

Entscheidend für die Entstehungsgeschichte der *Dreigroschenoper* war zunächst der Bühnenerfolg der *Beggars's Opera* 1920 im Londoner Lyric Theatre. Diese Produktion des Stückes von John Gay (1685-1732) mit der Musik von John Christopher Pepusch (1667-1752) durch Nigel Playfair wurde in den folgenden Jahren en suite gespielt. 1925 versuchte der Musikverlag Schott sogar seinen Hauskomponisten Paul Hindemith zu einer Neuvertonung zu bewegen, die aber ebenso wenig zu Stande kam wie eine Verfilmung durch Friedrich Wilhelm Murnau. Elisabeth Hauptmann jedoch, seit 1924 Brechts Mitarbeiterin und stets auf der Suche nach neuen Stoffen, wurde aktiv und übersetzte im November 1927 das englische Stück. Ihre Fassung, aus der dann Brechts Stück entstand, blieb bis heute verschollen. Lotte Lenya erinnert sich:

»Diese Dirnen, Zuhälter und Bettler aus dem London des 18. Jahrhunderts, die ihm da bei Gay begegnet waren, machten ihm Spaß: Warum sollte er sie nicht seine, die Sprache Brechts, sprechen lassen? Er fand Vergnügen an dieser Idee und begann ganz nebenbei, gewissermaßen zur Erholung, hie und da an einer Szene herumzuprobieren, ließ stehen, was ihm passte, strich rücksichtslos, was ihm nicht passte, und schrieb neue Szenen dazu, wie es ihm gefiel« (Mat I, 327 f.).

Zunächst sollte das Stück *Gesindel* heißen, später *Die Luden-Oper*, eine Fassung, die im Mai 1928 vom Verlag Felix Bloch Erben »den Bühnen gegenüber als Manuskript gedruckt« (BBA 1782/02) vorlag. Vielleicht wäre dieser Text in Brecht-Ausgaben ungedruckt geblieben, so, wie das ein Jahr später entstandene Stück *Happy End*, das nur in einem Band mit Hauptmann-Texten (Hauptmann 1977, S. 65 ff.) zu lesen ist, hätte nicht Anfang 1928 der junge Schauspieler Ernst Josef Aufricht 100 000 Mark geerbt, das Theater am Schiffbauerdamm gemietet, Erich Engel als Regisseur verpflichtet, um dort, zu seinem 30. Geburtstag, ein Stück uraufzuführen.

Die Entstehungsgeschichte der *Dreigroschenoper* ist größtenteils durch Aufrichts Erinnerungen (Aufricht 1966, S. 61 ff.) und Lore Lenyas Premierenbericht »Das waren Zeiten«! (Mat I, 327 ff.) überliefert, die durch andere Zeitzeugen, z. B. den Dramaturgen der Inszenierung, Heinrich Fischer (vgl. Fassmann 1958, S. 48 ff.), sowie zahlreiche Premierenbesucher bestätigt werden. Von Brecht selbst gibt es keinerlei Hinweise über die Arbeit an der *Dreigroschenoper* außer dem lapidaren Satz: »ich habe ›Beggars's Opera‹ usw. fertiggemacht und war fast immer schlecht gelaunt, weil es zu heiß war« (Briefe, S. 139). Insofern bleibt es Spekulation, was Brecht vor Aufrichts Aufführungsplänen zur Bearbeitung des Gay-Stückes veranlasste und warum er die Arbeit am *Joe Fleischhacker*-Projekt deshalb unterbrach. Vielleicht war es am Ende einfach so, wie es die Übersetzerin formulierte: »In jenen Jahren haben wir oft einfach Sachen gemacht, weil sie uns Spaß machten« (Hill 1978, S. 56). Aufricht zeigte sich von der ersten Fassung *(Gesindel)* im März 1928 begeistert, weniger allerdings von Brechts Hinweis, Kurt Weill werde die Musik komponieren. Deshalb bat er den Dirigenten Theo Mackeben, auf alle Fälle auch Pepuschs Originalmusik zum möglichen Einsatz bereitzuhalten. In den Monaten Juni/Juli – Probenbeginn war auf den 1.8.1928 festgelegt – arbeiteten Weill und Brecht in Südfrankreich »Tag und Nacht wie die Verrückten, schrieben, änderten, strichen, schrieben aufs Neue, und unterbrachen ihre Arbeit nur, um ein paar Minuten ans Meer hinunterzugehen« (Mat I, 332). Geändert wurden bis zur Premiere nicht nur Textpassagen, gestrichen und neu geschrieben wurden vor allem Songs. Daneben fielen Rollen weg oder wurden umbesetzt (Aufricht 1966, S. 69 f.), und am Ende hieß das Stück auf einen Vorschlag Lion Feuchtwangers hin *Die Dreigroschenoper* (vgl. Mat I, 332 f.).

Die Premiere war trotz diverser Probenprobleme ein großer Erfolg, die Berliner Aufführungen schnell ausverkauft. Innerhalb eines Jahres wurde das Stück über 4200-mal in etwa 120 Theatern gespielt, innerhalb von drei Jahren gab es 18 Schallplatten und binnen fünf Jahren lagen Übersetzungen in 18 Sprachen vor.

Um am *Dreigroschenoper*-Fieber, das nun über Berlin hereinbrach – »Überall, selbst auf der Straße, wurden ihre Melodien gepfiffen. Eine Dreigroschen-Bar tat sich auf, in der keine andere Musik gespielt wurde«. (Mat I, 335) – ebenfalls zu verdienen, brachte Brechts Verlag im Oktober ein 24-seitiges Heftchen *Die Songs der Dreigroschenoper* (GBA 11, 131 ff.) mit einer Startauflage von 10 000 auf den Markt. Bereits im Frühjahr musste nachgedruckt werden, und im Laufe des gleichen Jahres erschien die 3. Auflage im 16.-20. Tausend.

Der Dramentext hingegen war im Buchhandel nicht zu kaufen, da er nur in einer Bühnenfassung vorlag, die im Anschluss an die Premiere von Weills Verlag, der Universal-Edition, und dem Theaterverlag Felix Bloch Erben gemeinsam vertrieben wurde. Der Titel lautet: »*Die Dreigroschenoper (The Beggar's Opera). Ein Stück mit Musik in einem Vorspiel und acht Bildern nach dem Englischen des John Gay. Übersetzt von Elisabeth Hauptmann. Deutsche Bearbeitung von Bert Brecht. Musik von Kurt Weill*«. (Zu den zahlreichen Änderungen in Weills Partitur vgl. Hennenberg [Hrsg.],

Brecht-Liederbuch 1985, S. 380 ff.; Drew 1987, S. 194 ff. und Hinton 1990, S. 9 ff.)

Dieses gedruckte Bühnenmanuskript war das erste Resultat eines Überarbeitungsprozesses der *Luden-Oper* (BBA 1782) sowie der Regiebücher der Uraufführung (BBA 2104/2106). Auf diese Weise gab es immer mehr Musiknummern und andererseits einen klareren Szenenablauf. Gegenüber den ursprünglich nur 9 Songs der *Luden-Oper* (vgl. Hennenberg 1985, S. 283) waren bei der Berliner Premiere folgende Musiknummern zu hören:

»Ouvertüre
Moritat
Anstatt-daß-Song
Moritat (nur einige Takte)
Hochzeitslied (1. und 2. Strophe)
Seeräuberjenny
Kanonen-Song
Hochzeitslied (3. Strophe)
Liebeslied
Kanonen-Song instrumental als Entreakt (nach dem 2. Bild)
1. Dreigroschenfinale
Melodram
Liebeslied instrumental als Entreakt (nach dem 4. Bild)
Zuhälterballade
Zuhälterballade instrumental als Entreakt (nach dem 5. Bild)
Barbara-Song
Ballade vom angenehmen Leben (ohne die 2. Strophe)
Eifersuchtsduett
Moritat als Walzer
2. Dreigroschenfinale
Lied von der Unzulänglichkeit menschlichen Strebens
Ballade vom angenehmen Leben instrumental als Entreakt (?) 丨
Barbara-Song instrumental als Entreakt (?) 丿
Moritat als Trauermarsch
Ruf aus der Gruft
Grabschrift
3. Dreigroschenfinale« (Hennenberg 1985, S. 285)

Und heute wird nach folgender Fassung gespielt:

»Ouvertüre und Vorspiel
Nr. 1 Ouvertüre (Maestoso)
Nr. 2 (= Vorspiel) Moritat von Mackie Messer (Blues-Tempo)

Erster Akt
Nr. 3 Morgenchoral des Peachum (Feierlich)
Nr. 4 Anstatt-daß-Song (Peachum, Frau Peachum) Moderato
Nr. 5 Hochzeitslied (zuerst a cappella gesungen, verlegen und langweilig, später moderato assai)
Nr. 6 Seeräuber-Jenny (Polly) Allegretto
Nr. 7 Kanonen-Song (Macheath, Brown) Foxtrott-Tempo
Nr. 8 Liebeslied (Polly, Macheath) Molto tranquillo

All dies bestätigt Brechts Motto »Alles braucht Änderungen« (Briefe, S. 515). Deshalb veränderte er die Bühnenfassung aus dem Jahre 1928 noch einmal, ehe er 1931 das Stück als »Versuch im epischen Theater« im 3. Heft seiner Reihe *Versuche* veröffentlichte und den Text mit den Namen »Brecht. Hauptmann. Weill« (Versuche, H. 3, S. 219) abschloss. Diese Fassung der *Versuche* wurde dann zur Grundlage aller weiteren Ausgaben, so der Malik-Ausgabe der *Gesammelten Werke* 1938, den *Stücken* 1955 und den *Gesammelten Werken* 1967. Stets nahm Brecht einen Neudruck zum Anlass, den alten Text zu korrigieren, war es doch immer sein Wunsch, »keine größere Arbeit« von sich aufführen zu lassen, ohne dass er »dazu Stellung nehmen kann« (Briefe, S. 515).

Brecht unterschied aber genauestens zwischen Aktualisierungen, wie z. B. den Neufassungen einzelner Songs für die Münchner Inszenierung 1949 (vgl. Kap. 1.3), und den Druckfassungen seiner Werke. Daher nahm er zwar Neufassungen seiner Songs in die Ausgabe *Songs aus der Dreigroschenoper* auf, die 1949 im Westberliner Gebrüder Weiss Verlag erschien, in den Ausgaben des Dramentextes ließ er sie jedoch stets nur als Anhang drucken (vgl. Edition Suhrkamp, S. 103 ff.*; GW 2, 491 ff.).

So zeigt die Entstehungs- und Publikationsgeschichte der *Dreigroschenoper*, dass die heute gelesene und gespielte Fassung, sowohl in der Einzelausgabe der Edition Suhrkamp als auch in den *Gesammelten Werken*, auf jenen Text zurückgeht, den Brecht 1931 zur Lektüre publizierte, und nicht auf die Version, die am 31. August 1928 im Theater gespielt wurde.

Zu dieser Aufführung bemerkte Brecht in einem Selbstinterview um 1933:

---

*   Wenn im folgenden Text die *Dreigroschenoper* nur mit Seitenangabe zitiert wird, ist die Edition-Suhrkamp-Ausgabe gemeint.

»Was, meinen Sie, macht den Erfolg der ›Dreigroschenoper‹ aus? Ich fürchte, all das, worauf es mir nicht ankam: die romantische Handlung, die Liebesgeschichte, das Musikalische. Als die ›Dreigroschenoper‹ Erfolg gehabt hatte, machte man einen Film daraus. Man nahm für den Film all das, was ich in dem Stück verspottet hatte, die Romantik, die Sentimentalität usw., und ließ den Spott weg. Da war der Erfolg noch größer.
Und worauf wäre es Ihnen angekommen?
Auf die Gesellschaftskritik. Ich hatte zu zeigen versucht, daß die Ideenwelt und das Gefühlsleben der Straßenbanditen ungemein viel Ähnlichkeit mit der Ideenwelt und dem Gefühlsleben des soliden Bürgers haben« (GBA 26, 299).

1.2 Quellen und Vorlagen

Was kurz vor der Premiere in Theaterkreisen spekulativ als »Ritt über den Bodensee« bezeichnet wurde und daher viel Prominenz zu den Proben anzog (Aufricht 1966, S. 73), war danach der Bühnenhit der Saison. Bis zuletzt gab es Meinungen, Anregungen zum Stück. So soll Lion Feuchtwanger nicht nur den Titel vorgeschlagen, sondern auch bei Textpassagen geholfen haben. Karl Kraus wird die Mitarbeit am »Eifersuchtsduett« nachgesagt ebenso wie Kurt Weill die an einzelnen Dialogen.

Gleichwohl sind all dies nur marginale Veränderungen an den verschiedenen Textfassungen, verglichen mit denen, die Brecht auf der Grundlage von Elisabeth Hauptmanns Übersetzung von John Gays *The Beggar's Opera* vornahm. Da es eher die Regel als die Ausnahme war, dass sich Brecht von verschiedenen literarischen Quellen anregen ließ und Vorlagen für seine Stücke benutzte oder ganze Stücke neu bearbeitete (vgl. *Die Antigone des Sophokles, Der Hofmeister, Coriolan, Der Prozess der Jeanne d'Arc zu Rouen 1431, Don Juan, Pauken und Trompeten*, GW 6, 2273 ff.), erstaunt der Rückgriff auf das Gay-Stück sowie auf Villon und Kipling innerhalb des Brecht'schen Œuvres kaum.

Die Suche nach Anlässen, Quellen und Vorlagen für Brechts Werke sowie das Aufspüren von Beziehungen zu anderen Werken hat Tradition. Sie führte bereits 1924 zu der Glosse Brechts über die Unmöglichkeit, Zitate auf der Bühne kenntlich zu machen (vgl. GW 17, 969). Für Brecht war dieser »geistige Diebstahl« Teil seiner schriftstellerischen Arbeitsweise und entsprach seiner Vorstellung, wonach der Schriftsteller keineswegs autonom und intuitiv schreibe. Dementsprechend arbeitete Brecht stets mit mehreren Personen zusammen und führte in seiner Heftreihe *Versuche* seine Mitarbeiter auch immer namentlich auf. Folge dieses Arbeitsstils war das »beliebte Geduldspiel der Bourgeoisie: de[r] Streit um den Besitztitel« (GW 18, 101), also die Werke des Stückeschreibers vor allem im Blick auf die Vorlagen zu untersuchen und den Autor nur als »Bearbeiter« (vgl. Wittkowski 1984) gelten zu lassen. Den Anfang dieser Betrachtungsweise machte die Studie Cäcilie Tolksdorfs aus dem Jahre 1934, zugleich die erste Dissertation über Brecht, an der sich die Methode vieler Vergleiche zeigen lässt: Gemessen am Vorbild und gemäß den eigenen Vorstellungen einer »adäquaten Bearbeitung« erhält das »Original« meist die besseren Noten. Inzwischen liegen eine Vielzahl vergleichender Untersuchungen zum Verhältnis der Stücke Gays und Brechts vor (vgl. Fischetti 1971, Kocks 1981), die weniger die *Dreigroschenoper* gegenüber der Vorlage »zensieren«, als vielmehr Brechts Bühnenstück im Vergleich zu seinen eigenen Bearbeitungen des Dreigroschenstoffes (vgl. Kap. 1.3, 4.5) darstellen. Um jedoch zu erkennen, was Brecht aus Gays Stück übernahm, inwieweit er sich an die Vorgaben des Engländers hielt bzw. an die Übersetzung Elisabeth Hauptmanns und worin jene Neuerungen bestehen, müssen der Text der *Beggar's Opera* und seine Entstehungsbedingungen genau betrachtet werden, wozu Brecht in seinem Beitrag zur Augsburger Premiere aufforderte:

»Der Titel bedeutet nicht etwa, wie manche deutsche Übersetzer [d. h. auch Hans Magnus Enzensberger und Knut Boeser, der die neueste Übersetzung liefert, D.W.] geglaubt haben: ›Die Bettleroper‹, das heißt eine Oper, in der eben Bettler vorkommen, sondern: ›Des Bettlers Oper‹, das heißt eine Oper für Bettler. ›The Beggar's Opera‹, auf Anregung des großen Jonathan Swift verfaßt, war eine Händel-Travestie und hatte, wie berichtet wird, den großartigen Erfolg, daß Händels Theater ruiniert wurde. Da uns heute ein so großer Anlaß zur Parodie wie die Händelsche Oper fehlt, wurde jede Absicht zu parodieren aufgegeben: Die Musik ist vollständig neu komponiert. *Nicht* fehlen uns Heutigen die soziologischen Anlässe von ›The Beggar's Opera‹: Wie vor zweihundert Jahren haben wir eine Gesellschaftsordnung, in der so ziemlich alle Schichten der Bevölkerung, allerdings auf die allerverschiedenste Weise, moralische Grundsätze berücksichtigen, indem sie nicht in Moral, sondern natürlich von Moral leben. Formal stellt ›Die Dreigroschenoper‹ den Urtypus einer Oper dar: Sie enthält die Elemente der Oper und die Elemente des Dramas« (GW 17, 990).

Die folgende Inhaltsangabe des Gay-Stückes und seiner Hintergründe orientiert sich ausschließlich an Gays Originaltext, da in Enzensbergers Übersetzung (Mat I, 197 ff.) einzelne Textpassagen fehlen. Dabei wird die *Beggar's Opera* als originelles Drama mit Musik vorgestellt und nicht so sehr als »Urbild der Dreigroschenoper« (Hecht), denn diese Perspektive blendet viele Details des Gay-Stücks aus. Die Frage nach den zahlreichen Veränderungen Brechts und deren Intention wird in Kap. 4.1 unter der Frage »Original oder Kopie« diskutiert.

Verfasst wurde die *Beggars' Opera* auf Anregung des englischen Satirikers Jonathan Swift. Dieser schlug seinem Freund John Gay nach der Lektüre von dessen Versepos *Trivia; or, The Art of Walking the Streets of London* (1716) vor, eine »Newgate Pastorale« über Bettler, Huren und Ganoven zu schreiben. Intendiert war insbesondere die Verbindung von Widersprüchen: Zum einen sollte die berüchtigte Londoner Strafanstalt Newgate Schauplatz einer Oper sein. Zum anderen sollte die Handlung als Idylle sowohl die aristokratisch-bürgerliche Gesellschaft des 18. Jahrhunderts satirisch bloßstellen als auch die pompöse Händel-Oper, die »Opera seria«, mit ihrer schwülstigen Sprache und ihren pathetischen Liebes- und Gefängnisszenen parodieren (z. B. *Radamisto*, 1720, *Floridante*, 1721 und *Tamerlano*, 1724).

Für seine *Beggar's Opera* griff der aus bürgerlichen Verhältnissen stammende John Gay, neben Alexander Pope, Jonathan Swift, Daniel Defoe und William Congreve einer der bedeutendsten Autoren des frühen 18. Jahrhunderts, vor allem auf zeitgeschichtliche Verhältnisse zurück. Dadurch erklärt sich auch teilweise der Erfolg des Stückes; dieser machte, dem geflügelten Worte nach, den Produzenten namens »Rich« gay und den Autor »rich«. So erkannte das Publikum im Handeln der Bühnenfiguren Macheath und Peachum unschwer Parallelen zur Geschichte des Premierministers Walpole und in Macheath' Aktionen die spektakulären Abenteuer des Räubers Jack Sheppard, den sein Komplize Jonathan Wild nach einem Gefängnisausbruch verriet und ihn so an den Galgen brachte.

Gays Stück hält sich als Text des 18. Jahrhunderts – Uraufführung am 29.1.1728 – streng an die Regeln des klassischen Dramas. Demnach folgt auf das Vorspiel, einer »Introduction«, die Exposition und Komplikation im 1. Akt, und im 2. Akt die Zuspitzung der Krise. Diese wird dann im 3. Akt aufgelöst und es kommt schließlich zur Katastrophe – doch »for an opera must end happily« gibt's zum Schluss ein Happyend. Innerhalb dieses Rahmens spielt sich folgendes Geschehen ab:

Introduction: Vor geschlossenem Vorhang
Im »Vorspiel« stellt sich ein armer Bettler als Autor des Stückes vor; er dankt einem Schauspieler dafür, dass *The Beggar's Opera* auf einer Theaterbühne aufgeführt wird, obgleich das Stück zur Hochzeit zweier Balladensänger geplant war. Zugleich entschuldigt er sich dafür, dass seine Oper trotz vieler traditioneller Vergleiche keineswegs der Mode entspreche, »gänzlich unnatürlich« sei, und auch keine Rezitative verwende.

ACT I: Peachums Haus
Während Hehlerchef Peachum über die Ehrwürdigkeit seines Berufes nachdenkt, informiert ihn Filch über den Stand verschiedener Gerichtsprozesse, die Peachum dank seiner Beziehungen beeinflussen kann. Wer ihm als Mann oder Frau nützt und Geld anschafft, wird nicht angezeigt. Wer ihm jedoch keinen finanziellen Vorteil bringt, wird an die Polizei verraten, bzw. lässt er schwängern, wofür Peachum das Kopfgeld von 40 Pfund kassiert. Zugleich deutet seine Frau an, »Captain Macheath« liebe ihre Tochter Polly. Eine Hochzeit kommt für Peachum nicht nur wegen Pollys Bedeutung für das Geschäft nicht in Frage, sondern auch deshalb, weil er befürchtet, dadurch von Macheath kontrolliert zu werden. Unterdessen ist die Heirat jedoch bereits vollzogen.

Um den unerwünschten Schwiegersohn bald wieder loszuwerden, sind die Eltern bereit, in die Heirat einzuwilligen, allerdings nur unter dem Vorbehalt, Polly zeige ihm später an – denn dadurch könnten sie sowohl dessen Kopfgeld als auch sein Vermögen kassieren.

Anfängliche Zweifel, ob Polly am Ende die einzige Gattin sei, die Anspruch auf das Erbe habe, werden ebenso ausgeräumt wie Peachums kurzfristige Begeisterung für Macheath. Da Polly Macheath aus Liebe heiratete, verrät sie ihm den Plan ihrer Eltern und drängt ihn zur Flucht.

ACT II: Wirtshaus in der Nähe von Newgate und Newgate-Gefängnis
Macheath' Bande bereitet sich auf neue Diebstähle vor und philosophiert dabei über berufliche Schwierigkeiten sowie über das Ethos der »Gang«. Dabei klärt Macheath seine Freunde über seine Schwierigkeiten mit Peachum auf. Auch wenn er kurzfristig

untertauchen müsse, sollten die Geschäfte wie üblich weitergehen. Während die Bandenmitglieder auf ihre nächtlichen Raubzüge gehen, empfängt Macheath ein Dutzend Damen. Auf dem Höhepunkt des lustigen Treibens verraten Jenny Diver und Suky Tawdry den von ihnen entwaffneten Macheath an Peachum, der ihn von Polizisten festnehmen lässt. Ehe sie ihn nach Newgate abführen, bestätigt Peachum dem »Captain«, dass die größten Helden »have been ruined by woman«, und hebt gleichwohl deren Wert für sein Geschäft hervor. Im Gefängnis von Newgate begrüßt der Aufseher Lockit seinen lang vermissten »noble Captain« und legt ihm dem Trinkgeld entsprechende Fesseln an. Da Macheath früher schon Lockits Tochter Lucy die Ehe versprochen hatte, ist diese bei ihrem Besuch im Gefängnis außer sich. Macheath sieht nur einen Ausweg aus Newgate: Leugnen aller Beziehungen zu Polly und Heirat Lucys, denn nur sie vermag ihn aus dem Gefängnis zu befreien. Während sich die Väter Lockit und Peachum nach kurzen Auseinandersetzungen über ihre gemeinsamen Einnahmen aus dem Verkauf von Diebesgut und Dieben schließlich einig sind, wiederholt sich das »Tochterschicksal«. Auch Lucy folgt nicht den Ratschlägen ihres Vaters und verrät Macheath dessen Pläne. Als Polly ihren »dear husband« aufsucht, verleugnet Macheath seine Ehe, was zum Streit zwischen Polly und Lucy führt (»Eifersuchtsduett«). Nachdem Peachum seine Tochter mit Gewalt aus dem Gefängnis nach Hause gebracht hat, ist der Weg für Macheath frei, um mit Lucys Hilfe an die Schlüssel ihres Vaters zu kommen. Als Dank verspricht er Lockits Tochter, sie später zu sich zu holen.

ACT III: Newgate-Gefängnis
Nachdem Lockit den Ausbruch Macheath' bemerkt hat, ist für ihn nur wichtig, wie viel Lucy dafür bekam. Als sie ihm jedoch gesteht, Macheath allein aus Liebe geholfen zu haben, wird ihm und allmählich auch Lucy klar, dass sich nur Peachum und Polly über diese Flucht freuen werden, denn ihnen fällt das Erbe und das Kopfgeld zu. So überlegt Lockit, wie auch er an das Geld kommen kann, wozu er vor allem Macheath' Aufenthaltsort kennen muss, den er dann von Filch erfährt. Macheath hingegen genießt seine Freiheit und zeigt sich in einen Spielhölle als der alte »Captain«, indem er seinen Bandenmitgliedern detaillierte Anweisungen für die Aktionen der kommenden Nacht gibt. Inzwischen hat Lockit Peachum in seinem Magazin gefunden und beide diskutieren friedlich über die Abrechnung der Waren, die bei den Krönungsfeierlichkeiten Georgs II. (1727) gestohlen wurden. Zugleich sind beide mit dem Verhalten ihrer Töchter unzufrieden, weshalb sie gemeinsam beschließen, Macheath an den Galgen zu bringen. Von Diana Trapes, die bei Peachum Kleider für »all my ladies« kaufen wollte, erfahren sie, dass Macheath bei Frau Coaxer weilt. Im Gefängnis plant Lucy, von Eifersucht getrieben, Polly mit vergiftetem Gin zu töten. Doch die auffallende Höflichkeit Lucys macht Polly misstrauisch, weswegen sie ablehnt. Schließlich gelingt es Lucy, Pollys Glas doch noch zu füllen. Diese lässt es allerdings fallen, als sie den erneut verhafteten Macheath wahrnimmt. Da sich beide Familienväter, Peachum und Lockit, unnachgiebig zeigen, Macheath' Ende damit besiegelt scheint, versuchen sich Lucy und Polly gegenseitig zu trösten und ihr gemeinsames Schicksal hinzunehmen. Währenddessen bereitet sich Macheath in seiner Gefängniszelle auf den Tod vor und hadert mit seinem Schicksal. Seine Bandenmitglieder, die ihn im Gefängnis besuchen, fordert er deshalb entschieden dazu auf, Peachum und Lockit an den Galgen zu bringen. Polly und Lucy gibt er den Ratschlag, nach Westindien auszuwandern. Als sich schließlich noch weitere vier Ehefrauen mit Kindern melden, die alle Anspruch auf sein Erbe haben, lässt er sich gerne abführen.

Noch einmal betreten der Bettler und der Schauspieler des Vorspiels die Bühne und diskutieren über den Ausgang des Stückes. Während der Schauspieler sich gegen Macheath' Tod ausspricht, legitimiert der Autor diesen Schluss mit »strict poetical justice«, d. h., die moralische Ordnung (Bestrafung des Lasters, Belohnung der Tugend) darf nicht verändert werden. Dem Wunsch nach einem glücklichen Ende entspricht der Bettler dann schließlich doch und so ordnet er die Begnadigung an, wodurch das Drama letztlich »the taste of the town« entspricht. Vor dem »Happyend« fasst der Bettler den Stückinhalt noch einmal zusammen, quasi die Moral der *Beggar's Opera*: »Through the whole piece you may observe such a similitude of manners in high and low life, that it is difficult to determine whether (in the fashionable vices) the fine gentlemen imitate the gentlemen of the road, or the gentlemen of the road the fine gentlemen. Had the play remained as I at first intended, it would have carried a most excellent moral. 'Twould have shown that the lower sort of people have their vices in a degree as well as the rich, and that they are punished for them« (Gay, S. 109). Am Schluss lädt der begnadigte Macheath zu einem Tanzfest ein, bei dem jeder den passenden Lebenspartner finden soll. Captain Macheath wählt seine Polly und bestätigt so die bereits vollzogene Heirat.

Gays Stück, das unter dem Motto »Nos haec novimus esse nihil« [Wir wissen, dass dies nichts ist] des römischen Dichters Martial (um 40 bis 100) steht, parodiert nicht nur zeitgeschichtliche Zustände, sondern auch den Stil der Barockbühne dadurch, dass Gay den Hofdichter als Autor und Arrangeur durch einen Bettler ersetzt. Statt der sonst üblichen Haupt- und Staatsaktionen mit Königen und Prinzessinnen präsentiert er Ganovenhandlungen mit Verbrechern und Huren; in diese integriert er, damit den Publikumserwartungen entgegenkommend, bekannte Opernmotive und eine Gefängnisszene. Das Handlungsschema ist dabei äußerst simpel. Peachum als Hehler auf der einen Seite lässt seine Räuber und Huren so lange für sich arbeiten, wie sie ihm nützen. Sinken die Einnahmen unter die Kopfgeldprämie, liefert er sie an Lockit aus; dieser verdient sowohl hieran als auch am Verkauf der gestohlenen Waren, da er diese Diebstähle nicht aufdeckt. Diese Eintracht wird durch Macheath' Heirat gestört, da der wichtige, jedoch abhängige Lieferant durch das Erbe, aber vor allem durch seine Kenntnis der Geschäftsbeziehungen sich am Ende selbstständig machen und Peachum an den Galgen bringen könnte. Diese Herausforderung wehrt Peachum mit Hilfe Lockits ab.

Auf Grund dieses einfachen Bühnengeschehens, der vielen durchschaubaren Anspielungen und der ebenfalls publikumswirksamen Rückgriffe auf volkstümliche Balladen verwundert der Erfolg der *Beggar's Opera* bis in die Mitte des 18. Jahrhunderts kaum; ebensowenig überraschen die zahlreichen Imitationen dieser »Ballad opera« in den folgenden Jahren. Daneben zog sie bis heute die verschiedensten Bearbeitungen nach sich, so dass die Autorenliste neben Brecht Namen wie Benjamin Britten (1948), Rainer Werner Fassbinder (1969) und Václav Havel (1972) umfasst.

Neben John Gay wurden auf dem Programmzettel der Uraufführung noch zwei weitere Autoren explizit als Quelle genannt: François Villon und Rudyard Kipling. Brechts Faszination für beide Dichter endet keineswegs mit der Arbeit an der *Dreigroschenoper* und datiert weit vor 1928. Bereits für die Gedichte seiner *Hauspostille*, die meist aus den Jahren 1917-1922 stammen, sind die Einflüsse beider Poeten nachweisbar.

So schrieb Brecht 1918 das Gedicht *Vom François Villon* (GW 8, 38 f.), in welchem er Villons abenteuerlichen Lebenslauf und Drang nach Selbstverwirklichung und deren Problematik vor allem in die Nähe seines Baal im gleichnamigen Stück rückt. Insbesondere die Biografie des »armen« Villon (1431-1463) fasziniert Brecht, weshalb er – so im Brief 1918 – ein Stück über den Poeten schreiben will, der »im XV. Jahrhundert in der Bretagne Mörder, Straßenräuber und Balladendichter war« (Briefe, S. 32). Besonders deutlich wird der Einfluss Villons in Brechts *Ballade von den Abenteurern* (GW 8, 217), die sowohl im *Baal* (GW 1, 60 f.) als auch als erstes Gedicht der »Chroniken« in der *Hauspostille* abgedruckt wird. Brecht greift dabei neben inhaltlichen Motiven und sprachlichen Bildern vor allem die lebendige Vortragspoesie der Texte Villons auf, die meist – ebenso wie Brechts frühe Balladen – gesungen wurden. Daran knüpfen alle Überarbeitungen an, die Brecht für seine *Dreigroschenoper* aus Villons Balladen übernimmt. Während die Veröffentlichung *Die Songs der Dreigroschenoper* (1928) die Quelle Villon eindeutig angibt, bleibt es bei der Theateraufführung nur beim allgemeinen Hinweis.

Knapp neun Monate nach der Uraufführung und drei Wochen nach seiner Kritik der »Letztaufführung« (Berliner Tageblatt, 14.2.1929), in denen »Brechts Copyright« unerkannt blieb, war es schließlich die 2. Auflage der Songs 1929 (s. o., S. 6), die den Theaterkritiker Alfred Kerr zum Plagiatsvorwurf veranlasste: »Nur wer von Fremden lebt, lebt angenehm« (Berliner Tageblatt, 3.5.1929). In die Plagiatsaffäre griff nicht nur Karl Kraus in seiner »Fackel« ein, sondern auch einige Autoren nahmen in der »Weltbühne« dazu Stellung. Mit Brechts Erwiderung und seinem Hinweis, in Sachen geistigen Eigentums habe er eine laxe Einstellung, fand die Plagiatsaffäre ein rasches Ende und machte die Songs und die Villon-Ausgabe nur noch bekannter. Zur notwendig gewordenen Neuauflage der Werke Villons schrieb Brecht ein *Sonett zur Neuausgabe des François Villon* (GW 8, 331 f.) sowie ein kurzes Nachwort, in welchem er die Differenz zwischen gesungenen Songs und gelesenen Gedichten betont; darauf verweist Brecht auch in seinen *Anmerkungen zur Dreigroschenoper* (Versuche, H. 3, S. 220 f.), die nicht umsonst mit dem Kapitel *Das Lesen von Dramen* beginnen. Gleichwohl sind nur wenige Verse Brechts aus Klammers Villon-Übersetzung unverändert übernommen – er selbst nennt 25 von 625 (GW 18, 100). Oft hat Brecht die Vorlage verbessert, wie z. B. das inzwischen geflügelte Wort »Nur wer im Wohlstand lebt, lebt angenehm« durch die Wiederholung desselben Wortes »lebt« statt »schwelgt« an Prägnanz gewinnt. Jedoch erweist sich auch Brechts Adaption mitunter als problematisch, wenn er in der *Ballade, in der Macheath jedermann Abbitte leistet* (S. 94) einen unmotivierten Perspektivwechsel vom »Wir« zum »Ich« vornimmt, der letztlich aus der Bearbeitung zweier verschiedener Villon-Balladen (vgl. Pöckl 1990, S. 352 ff.) resultiert. Villons Spuren sind vor allem im *Barbara-Song* (S. 35 ff.) erkennbar, der Motive aus dem *Klagelied der schönen*

Helmschmiedin (Villon, S. 92 ff.) übernimmt, in der *Ballade von der sexuellen Hörigkeit* (S. 51 ff.) durch Bezüge auf die *Ballade de bon conseil* (Villon, S. 218 ff.) sowie in der Strophe »Hier hängt Macheath« (S. 92), dessen Zeilen sich an Villons *Quatrain* (Villon, S. 264) anlehnen.

Insgesamt zeichnen sich Brechts Umarbeitungen vor allem durch den parodistischen Umgang mit der Vorlage sowie eine konkretere und einfachere Sprache aus, die allerdings wesentlich vom Kontext innerhalb der *Dreigroschenoper* abhängt. Dadurch erklärt sich letztlich auch die distanziertere und emotionslosere Haltung in den Songs gegenüber dem Vorbild Villon.

Es gehört zur Ironie der *Dreigroschenoper*-Geschichte, dass das Stück einen Plagiatskandal über Brechts Übernahmen aus Villon-Texten auslöste, keinen jedoch hinsichtlich der Tatsache, dass Balladen nach Kipling (1865-1936) zwar angekündigt, diese jedoch bis auf den Vierzeiler »Hübsch, als es währte« (S. 50) nicht gesungen wurden, da sie Kürzungen vor der Premiere zum Opfer fielen. Daher finden sich nur in der Fassung *Die Luden-Oper* die direkten Kipling-Einflüsse in den beiden Gedichten *The Ladies* (GW 10, 1052 ff.) und *Maria, Fürsprecherin der Frauen* (GW 10, 1055 ff.). Nichtsdestotrotz spürte man bei der Premiere den Kipling-Ton im *Kanonen-Song* (S. 31 f.), der entscheidend zum Erfolg des Stückes beitrug. »Die ersten zwei Bilder gingen vorüber – das Publikum blieb kalt. Aber nach dem Kanonensong ging ein Beifallssturm los [...]. Das Publikum verlangte stürmisch nach einer Wiederholung des Liedes und dem Refrain »Soldaten wohnen [...]« (Fassmann 1958, S. 50). Allerdings ging Brechts *Kanonen-Song* unmittelbar auf sein *Lied der drei Soldaten* (GW 8, 127 f.) zurück und dieses wiederum auf Kiplings *Soldiers three*; Einflüsse durch Kiplings Ballade *Screw Guns* sind im Kanonen-Song gleichwohl zu spüren.

An Kiplings Werk faszinierte Brecht vor allem der direkte, umgangssprachlich geprägte Ton; für dessen Lyrik begeisterte er sich insbesondere wegen seiner konkreten Figuren und deren Verhalten, d. h., Gedankenlyrik lag Kipling so fern, wie ihm das Rollengedicht nahe lag. Kiplings Gedichte und deren Nähe zum Vortrag, deren leicht zitierbarer Gestus, einschließlich der Vorliebe für den Refrain, gefielen Brecht. Er nahm sie als Anregung, was sich an zahlreichen Gedichten, so z. B. am *Song von Mandelay* (GW 8, 324 f.) oder an vielen Motiven in Brechts Œuvre (vgl. Lyon 1976) einfach belegen lässt. Auf dem Höhepunkt der Plagiatsaffäre spottete Kurt Tucholsky darüber und gab seinem *Lied der Cowgoys* das Motto »Damn! Rudyard Brecht«.

Aber der Autor Brecht griff für seine *Dreigroschenoper* – ganz im Sinne der Schlusszeilen aus seinem *Sonett zur Neuausgabe des François Villon*: »Nehm jeder sich heraus, was er grad braucht! / Ich selber hab mir was herausgenommen ...« (GW 8, 332) – nicht nur auf andere Autoren zurück, sondern auch auf seine eigene Lyrikproduktion. So übernahm er zwei der berühmtesten Songs, den *Song der Seeräuber-Jenny* (S. 27 f.) und den *Barbara-Song* (S. 35 f.), in das Drama auf. Beide waren bereits 1927 mit einer Musik von F. Bruinier (vgl. Hennenberg 1990) entstanden.

1.3 Die Werkgeschichte der »Dreigroschenoper« und der »Dreigroschenkomplex«: Theaterstück – Film – Soziologisches Experiment – Roman

Obgleich die *Dreigroschenoper* oft nur als »reine Auftragsarbeit« angesehen wird, ist es Brechts einziges Werk geblieben, das er für drei verschiedene Medien – Bühne, Leinwand, Buch – bearbeitete und das ihn zu einer seiner wichtigsten kunsttheoretischen Schriften, *Der Dreigroschenprozeß. Ein soziologisches Experiment*, veranlasste.

Von daher ist das Theaterstück sicherlich kein »Nebenwerk«. Brecht machte es 1930 zur Grundlage seines Drehbuchentwurfs *Die Beule. Ein Dreigroschenfilm* (TF II, 329 ff.) und nahm es 1934 zur Vorlage für seinen einzigen vollendeten Roman, den *Dreigroschenroman* (GW 13, 729 ff.). Wie wichtig ihm sein *Dreigroschenkomplex* und die Verbindungslinien zwischen den einzelnen »medienästhetischen Versuchen« (vgl. Wöhrle 1988, S. 87 ff.) waren, erhellt Brechts Publikationspraxis. So ließ er in seinem Roman folgenden Hinweis vor dem Copyright drucken: »Dem Roman liegt das Theaterstück ›Die Dreigroschenoper‹ und John Gays ›Beggar's Opera‹ zu Grunde« (GW 13, 730). Drei Jahre zuvor publizierte er seinen *Dreigroschenkomplex* ebenfalls als Einheit: Das 3. Heft seiner Reihe *Versuche* mit den »Versuchen 8-10«, das im Frühjahr 1931 erschien, enthielt die erste Druckfassung des Dramentextes, *Die Dreigroschenoper*, Brechts *Anmerkungen zur Dreigroschenoper*, den Drehbuchentwurf *Die Beule. Ein Dreigroschenfilm* sowie als »Versuch, auf Grund eines Vertrages Recht zu bekommen« (Versuche, H. 3, S. 144) die Abhandlung *Der Dreigroschenprozeß. Ein soziologisches Experiment* (GW 18, 139 ff.).

Diese Buchausgabe trug allerdings nur noch wenig zur Bekanntheit der *Dreigroschenoper* bei, denn in aller Munde war sie bereits durch die zahlreichen Theateraufführungen, das Heftchen *Die Songs der Dreigroschenoper*, den daran anschließenden Plagiatskandal sowie durch mehrere Musikausgaben und vor allem durch zahlreiche Schallplattenaufnahmen. »Allein in Deutschland brachten zwischen 1928 und 1930 acht verschiedene Plattenfirmen mehr als 20 Schallplatten auf den Markt« (Schebera 1990, S. 105). Insbesondere Mitglieder der Premierenbesetzung waren gefragte Interpreten und Brecht selbst sang die *Moritat* und die *Ballade von der Unzulänglichkeit menschlichen Strebens*. Für eine Telefunken-Aufnahme schrieb Brecht dann 1930 eigene Zwischentexte (Mat II, 35), die zeigen, wie er den Titel seiner »Oper für Bettler« verstanden wissen wollte. (Diese Aufnahme ist als CD bei Teldec 9031-72025-2 greifbar; s. Literaturverzeichnis, S. 96.)

Auf Grund dieser Popularität war klar, dass auch die Filmindustrie ein Interesse an der *Dreigroschenoper* hatte. Daher verpflichtete man Brecht, das Drehbuch zu schreiben, doch dieses entsprach den Vorstellungen der Produktionsfirma so wenig, dass es im Herbst 1930 zum Prozess kam. Dabei muss erstaunen, dass Brecht erst nach der Premiere des Pabst-Films, der schließlich ohne seine Mitarbeit entstand, seine Texte (Drama, Anmerkungen zum Drama, Drehbuch, Soziologisches Experiment) veröffentlichte, quasi als Einladung, Georg Wilhelm Pabsts Film mit dem Theaterstück und seinem eigenen geplanten Dreigroschenfilm zu vergleichen. Deshalb ist für Brechts Schrift *Der Dreigroschenprozeß* das konkrete Gerichtsverfahren auch weniger wichtig als die Vorstellungen, »die für den gegenwärtigen Zustand der bürgerlichen Ideologie charakteristisch sind« (GW 18, 139). Aus der kritischen Analyse verschiedenster Ansichten, z. B.: »Die Kunst braucht den Film nicht«, »Man kann den Publikumsgeschmack verbessern« etc., entwickelt Brecht seine Vorstellung einer kritischen Kunst, die sich ihres Warencharakters und ihrer technischen Bedingtheit wie auch ihrer gesellschaftlichen Abhängigkeiten bewusst ist.

Liest sich die ganze Geschichte der Verfilmung der *Dreigroschenoper* – von den ersten Vertragsverhandlungen im Mai 1930 über die Kontroversen um einzelne Teile des Drehbuchentwurfs von Brecht bis hin zum Prozessvergleich Ende Dezember – fast so spannend wie ein Krimi (vgl. Foto: Casparius 1978, S. 173 ff.), so steht dieses Genre auch Pate für Brechts Drehbuchentwurf *Die Beule*.

Selbst ohne konkrete filmtechnische Angaben zeigt das in Prosa verfasste Manuskript, wie sich Brecht seinen »Dreigroschenfilm« vorstellte. Bereits mit dem Titel betont er die Eigenheit des Mediums, das Sichtbare in den Mittelpunkt zu rücken, und zugleich den veränderten Inhalt des Films, denn von einer Beule war im Drama nur kurz die Rede (vgl. S. 38). Ähnlich den Szenentiteln im Theaterstück wählt Brecht auch für seinen Film Titel, die er als »Totalaufnahmen der geistigen Schauplätze« verstanden wissen will und die seinen »Dreigroschenfilm« (TF II, 329 ff.) strukturieren:

»Erster Teil: Liebe und Heirat der Polly Peachum«
Nach einem Bordellbesuch ist Macheath von einem »entzückenden Hintern« eines jungen Mädchens so fasziniert, daß er dieses sofort heiraten möchte. Wegen der Hochzeit muß der geplante Einbruch in die National Deposit Bank verschoben werden. Stattdessen organisiert die Macheathplatte (»über 120 Angehörige der verschiedensten Bevölkerungsschichten schon um 1900«) die notwendigen Diebstähle für die Hochzeit. Dabei werden sie von einem Bettler, »Mitglied des J.J. Peachumschen Bettlertrusts« verpfiffen, doch verhindert dies nicht die Hochzeitsfeier als großes »gesellschaftliches Ereignis« mit prominenten Gästen aus allen Kreisen der Bevölkerung.

»Zweiter Teil: Die Macht des Bettlerkönigs«
Den Verrat des Bettlers läßt Macheath durch den Diebstahl von Peachums Ladenkasse rächen. Deshalb erhält der Bettler auch keine Belohnung von Peachum, sondern einen weiteren Schlag auf jene Beule, die er bereits von Macheath' Leuten bekam. Nachdem der Bettlerkönig schließlich von Pollys Heirat erfährt, will er den Bettler gleichwohl als »Standbild des öffentlichen Unrechts« aufbauen. Mit ihm erstattet Peachum Anzeige beim Polizeipräsidenten, wobei die Ironie des Drehbuchs es will, daß dessen Freund Macheath Peachums Wünsche sarkastisch abweist.

Anlässlich der Krönungsfeierlichkeiten läßt der Polizeipräsident den Schandfleck der Stadt in eine »entzückende Gartenstraße« verwandeln – Brechts Parallele zu

Peachums Verwandlung der Bettler in Wracks –, doch die Idylle wird von Peachums Bettlern gestört. So hilft Macheath nur die Flucht, wozu ihm vor allem seine Frau Polly rät. Zuvor schlägt sie ihm vor, Bankier zu werden; am besten solle er die National Deposit Bank kaufen, mit der auch ihr Vater arbeitet.

»Dritter Teil: Das Spiel mit dem Feuer«
In Abwesenheit Macheath' beschließt die Generalversammlung der Macheathplatte unter Vorsitz von Frau Macheath die legale Übernahme der National Deposit Bank. Dazu bedarf es allerdings einer Säuberung, die Brecht im Bild eines »Übertritts« festhält: »aus den bärtigen Räubern einer versunkenen Epoche [werden] die kultivierten Beherrscher des modernen Geldmarktes«.

Peachum erstattet mit seinem Bettler nochmals Anzeige und droht mit einer »Demonstration des Elends«. Durch seinen Hinweis wird Macheath nach einer wilden Verfolgungsjagd im Kreise seiner Huren festgenommen. Noch gelingt es der Bankdelegation unter Vorsitz von Frau Macheath nicht, Macheath freizubekommen. Im Gefängnis trifft sie auf Jenny, so daß auch im Film der »Kampf um Macheath« zu sehen ist.

»Vierter Teil: Die reitenden Boten des Herrn Macheath«
Nach mehreren Schlägen auf die Beule gilt der Bettler als die Symbolfigur für die geplante Demonstration. Bei einer Fahrt durch das nächtliche London erkennt der Polizeipräsident Peachums reale Macht sowie das »nackte Elend«. Auch Peachums aufgebrachte Frau hat vor diesem Angst, denn sie glaubt nicht, daß die Menge sich von Peachum noch beherrschen läßt. Zu welchen Aktionen die Masse in der Lage wäre, träumt der Polizeipräsident: »Tausende von Elenden in lautlosem Marsch, durchsichtig und gesichtslos, marschieren durch die Paläste der Reichen, marschieren durch die Mauern der Gemäldegalerien, der Residenz, der Gerichtspaläste, das Parlament«. So erkennt Peachum schließlich, daß er und der Polizeipräsident den gleichen Feind haben: die Elenden. Deshalb liefert er den Bettler mit der Beule der Polizei aus, wodurch im Gegenzug Macheath freigelassen wird. »Eine nach erbittertem Kampf geeinigte Gesellschaft begrüßt in ihrer Mitte den Bankier Macheath und erwartet mit ihm die Königin«.

Zwar übernahm Georg Wilhelm Pabst (1885-1967) für seinen Dreigroschenfilm einige Motive aus Brechts Skript (vgl. das Drehbuch zu Pabsts Film in: Foto: Casparius 1978, S. 275 ff.), doch letztlich hielt er sich mehr an den Dramentext. Brecht äußerte sich nur indirekt zu diesem Film, da er sich vertraglich verpflichten musste, zu Pabsts Verfilmung zu schweigen. Für ihn war dieser Dreigroschenfilm nichtsdestoweniger ein Paradebeispiel für eine »Abbauproduktion« (GW 18, 180, 202 ff.), denn die Filmgesellschaft interessierte sich nicht für das Kunstwerk, sondern zerlegte dieses in verwertbare Einzelteile, wie z. B. Titel, Aktualität, Poesie und Pointe, Name, radikales und künstlerisches Renommee des Autors etc.

Pabsts Film, der am 19.2.1931 in Berlin uraufgeführt wurde, gefiel dem Publikum, aber weniger der Kritik (vgl. Kracauer 1979, S. 464 f., 484 f.; Ihering 1980, S. 56 f.). Die Nazis verboten den Film sehr bald. Deshalb war diese Verfilmung lange nicht zu sehen. Erst 1955 konnte sie wieder gezeigt werden. Im Vergleich mit der 1962/63 entstandenen Neuverfilmung durch Wolfgang Staudte erwies sich Pabsts Film zweifellos als die bessere Adaption für die Leinwand, denn Staudtes *Dreigroschenoper* übernahm nichts von Brechts Filmentwurf und filmte das bekannte Theaterstück mit internationalen und nationalen Stars der 60er-Jahre (Curd Jürgens, Hildegard Knef, Sammy Davis u. v. a.) schlicht ab.

Wurde die *Dreigroschenoper* auch neben dem Film weiter gespielt, wobei nationale und internationale Erfolge mit Misserfolgen, z. B. in New York 1933 (vgl. Briefe, S. 269), abwechselten, so bedeutete das Jahr 1933 zunächst ein jähes Ende für die Bühnen- und Leinwandauftritte der Herren Macheath und Peachum sowie der Frauen Polly und Jenny in Deutschland.

Im Roman, an dessen erster Fassung Brecht von Juli bis November 1933 im dänischen Exil arbeitete, schrieb der »Stückeschreiber« ihre Geschichte fort; er ergänzt sie um neue Ereignisse und einige neue Akteure, wie z. B. Herrn Coax, Mary Swayer, George Fewkoombey. Mit dem *Dreigroschenroman*, der im November 1934 im Amsterdamer Verlag Allert de Lange erschien, schloss Brecht mit einem Buch seine Dreigroschen-Arbeit ab – zugleich das letzte mögliche Medium, sieht man von einer Horspiel- oder Ballettfassung ab.

Bereits ein kurzer Blick in den 492-seitigen Erstdruck macht deutlich, dass im *Dreigroschenroman* (GW 13, 729-1165) keine Prosafassung des Dramas vorliegt. Wie umfangreich auch immer die Inhaltsangabe des Romans ausfällt, sie muss sich auf das Wesentliche beschränken, und selbst in detaillierten Beschreibungen der Romanhandlungen (vgl. Müller 1980, S. 162 ff.; Knopf 1984, S. 343 ff.), auf die an dieser Stelle verwiesen werden muss, bleiben einige Details unerwähnt.

Daher soll in diesem Zusammenhang Brechts geplantes Vorwort für die englische Ausgabe eine detaillierte Inhaltsangabe ersetzen, denn dieses lässt erkennen, dass es Brecht weniger um eine Korrektur seiner bisherigen Dreigroschen-Arbeiten ging als vielmehr um ein eigenständiges, neues Werk, das sich gleichwohl bekannter Motive und Figuren des Dramas *und* des Films (z. B. das Bankengeschäft) bedient. Neu sind vor allem das Schiffsgeschäft von Herrn Peachum, das parallel zu Macheath' Gründung einer Ladenkette und den damit verbundenen Konkurrenzkämpfen geschildert wird, sowie die eigenartige Figur Coax. Brecht betont die Novität des Romans vor allem im Kontrast zu Lesererwartungen à la Baedeker:

»Der Schauplatz des vorliegenden Romans ist London, die Zeit die der Burenkriege. Der Autor hat sich das Studium Londons, das er selbst nicht gesehen hat, angelegen sein lassen. Er hat eine Reihe englischer Kriminalromane sorgfältig durchgearbeitet. Selbstverständlich kann man für drei Groschen nicht eine bis ins einzelne genaue Schilderung der großen Stadt verlangen. Es gibt immer Leser, welche glauben, für ihre paar Groschen, die sie für einen Roman zahlen, sich den Ankauf eines Bädekers für sieben Mark ersparen zu können. Das ist nichts weiter als Unverschämtheit! Auch eine gründliche Geschichte des Burenkriegs ersetzt der vorliegende Roman nicht. Aber auch so, wie er ist, enthält er nach Auffassung des Autors im großen und ganzen alles, was man über den Burenkrieg und überhaupt über Kriege wissen muß – und das ist mehr als für drei Groschen verlangt werden kann«! (GBA 16, 432)

Erschienen relativ schnell verschiedene Übersetzungen, so liefen diese parallel zu Brechts Versuchen, das Stück weiterhin auf die internationalen

Bühnen zu bringen und den Bedingungen der Zeit entsprechend zu ändern sowie eine aktuelle Buchausgabe für Leser zu ermöglichen. Ersteres gelang ihm auf unterschiedliche Weise. 1937 konnte Aufricht eine Pariser Aufführung realisieren, in Brechts Worten »ganz gut« (Briefe, S. 348; vgl. auch GW 17, 1000 ff.), und auch in Dänemark wurde das Stück im gleichen Jahr gespielt, was Brecht jedoch zu heftigster Kritik an Regisseur Per Knutzon veranlasste (Briefe, S. 350 ff.), denn er bekam von dieser Produktion keine Tantiemen. Schließlich scheiterten die Pläne einer »Negeraufführung« der *Dreigroschenoper* 1941 (AJ, 22.11.1941) an Kurt Weills Einwänden, und auch eine MGM-Verfilmung blieb nur eine »chance« (AJ, 1.6.1942).

Die Buchausgabe 1938 im Londoner Malik-Verlag brachte wiederum kleine Veränderungen gegenüber dem Druck von 1931. Dies waren jedoch marginale Korrekturen verglichen mit den Neufassungen ganzer Szenen oder Songs, die Brecht in den Jahren 1948/49 schrieb. Damit reagierte er auf die Westberliner Aufführung vom 15.8.1945, über die er in sein Arbeitsjournal notierte:

»wir hören, daß in berlin die DREIGROSCHENOPER aufgeführt wurde, vor vollen häusern; dann abgesetzt werden mußte, auf betreiben der russen. die BBC (london) habe als protestgrund die ballade ›erst kommt das fressen, dann kommt die moral‹ angeführt. ich selbst hätte das stück nicht aufführen lassen. in abwesenheit einer revolutionären bewegung wird die ›message‹ purer anarchismus« (AJ, 25.9.1945).

Zuvor hatte er bereits Ruth Berlau gegenüber deutlich seine Position betont:

»Das mit der ›3-Groschenoper‹ ist in Ordnung (Du weißt, es lief jahrelang in Moskau), es war ganz richtig, es zu verbieten, ich hätte es nie zugelassen. Wenn es *eine* Situation gibt, für die es nicht geeignet ist, ist es die jetzige« (Briefe, S. 514).

Grund für die »Neufassung« waren jedoch nicht nur die veränderten politischen Verhältnisse, sondern einmal mehr der »Kampf um die echten Groschen«, das Geld. Mit einer Neufassung war das Werk nicht mehr an den alten Verlag, Felix Bloch Erben, gebunden, so dass Brecht eine Zusammenarbeit mit dem alten Freund, Peter Suhrkamp, und dessen neu gegründetem Verlag beginnen konnte. Konkretes Ziel dabei war ein Text, mit dem Hans Albers als Macheath auf Tournee durch Westdeutschland gehen sollte (vgl. Briefe, S. 576, 618 f.), doch diese kam nicht zu Stande. Geändert wurden in dieser Fassung vor allem die Krüppelszenen, die Anfang 1949 in Deutschland »nicht attraktiv« waren,

»da im Zuschauerraum selbst zu viele echte (Kriegs-)Krüppel oder Anverwandte von Krüppeln sitzen. Es mußte da einfach ein Ersatz gefunden werden. Glücklicherweise konnten die Änderungen so klein sein, daß sie den Charakter des Stückes nicht verändern. Hier wie in den Zusatzstrophen der Songs handelt es sich tatsächlich *nur* um eine zeitweilige Änderung, die nur für diese Zeit gelten (und auch nicht gedruckt werden) soll« (Briefe, S. 583).

Die Münchner Aufführung, die am 27.4.1949 Premiere hatte und deren Erfolg Brecht »sehr gefreut« (Briefe, S. 615) hat, hielt sich weitgehend an die Fassung von 1931, so dass die Neufassung nur in einem Bühnenmanuskript überliefert ist. Zu sehr waren die eingefügten Stellen (vgl. Mat II, 45, 47 f.) dem Zeitgeist der Nachkriegsjahre verpflichtet, als dass sie Bestand in der endgültigen und letzten Textfassung gehabt hätten. Für die Buchausgabe von 1955 fielen sie weg. Nur die bereits 1949 publizierten Neufassungen der Songs im Band *Songs aus der Dreigroschenoper* wurden im Anhang abgedruckt – daher auch der »Anhang« in der Edition-Suhrkamp-Ausgabe.

An eine Aktualisierung der *Dreigroschenoper* war auch 1956 nicht gedacht, als Giorgio Strehler das Stück in Mailand inszenierte und dazu zahlreiche Gespräche mit dem Autor führte (vgl. Strehler 1977, S. 212 ff.). Die Veränderungen des italienischen Regisseurs begeisterten Brecht trotz allem:

»Strehler, vermutlich der beste Regissör Europas, hatte das Stück auf 1914 verlegt, und Teo Otto hat herrliche Dekorationen gemacht (statt Pferdestall jetzt Autogarage usw.). Das ist sehr gut, und nach dem dritten Weltkrieg könnte man es auf 19... verlegen« (Briefe, S. 774).

Der Wunsch Brechts, diese »exzellente Aufführung«, geprägt von »Feuer und Kühle, Lockerheit und Exaktheit« nach Mailand noch einmal am Ort der Uraufführung, im Berliner Schiffbauerdammtheater sehen zu können, erfüllte sich nicht mehr. Ein halbes Jahr später, am 14.8.1956 starb der Stückeschreiber in Berlin.

Die Mailänder Inszenierung, in der Brecht eine »echte Wiedergeburt« (Briefe, S. 775) seines Stückes sah, markiert bis heute einen Höhepunkt in der Bühnengeschichte der *Dreigroschenoper* (vgl. Kap. 5). Für Giorgio Strehler war es die erste (und vielleicht die beste) seiner bislang drei Inszenierungen; dabei ließ er das Drama jedes Mal anders spielen und bestätigte damit eindringlich, was der Autor am 9. November 1949 in sein Arbeitsjournal notierte:

»eigentliche repertoirestücke, dh stücke, die nahezu immer gegeben werden können, weil sie im thema sehr allgemein sind und den theatern gelegenheiten für ihre allgemeinsten künste gewähren, gibt es bei den deutschen wenige. eigentlich gibt es nur FAUST. im übrigen hält man sich darin an die opern und an den shakespeare. von meinen stücken haben diesen charakter vermutlich nur die DREIGROSCHENOPER und der KREIDEKREIS. von den plänen DIE REISEN DES GLÜCKSGOTTS«.

Ein Urteil, das sich Jahr für Jahr aufs Neue bestätigt.

1.4 Die Kultur der Weimarer Republik

In keiner Darstellung der Weimarer Kultur darf der Hinweis auf die *Dreigroschenoper* als genauer Ausdruck dieser Epoche fehlen. Auch die Brecht-Forschung pflichtet diesem Urteil bei:

»Der Erfolg der ›Dreigroschenoper‹ in Berlin ist eine der letzten Objektivierungen der ›Goldenen Zwanziger‹, ihres faulen Zaubers, ihrer Illusionen. Man gab sich in lasziver, dekadenter Dreigroschenhaltung, das (gemeinte) Elend als gute Ausstattung tragend, die wonnigen Schauer des Untergangs vorauskostend, die Verhältnisse nehmend, wie sie waren, indem man aus ihnen die Rechtfertigung borgte, Lust und Genuss vor die Moral zu stellen, auszukosten, was es gab. Mackie Messer wurde umstilisiert zum Helden, der er nicht war, die Huren waren salonfähig, ja man gab sich selbst als Hure, um bestätigt zu erhalten, dass man ›wer‹ sei. Die Songs wurden als Schlager geträllert, die Garderobe auf ›Verbrecher‹ umgerüstet (bzw. Hure), Bars nannten sich nach den ›Dreigroschen‹ (waren aber teurer) und die Bettler blieben, die sie waren« (Knopf 1980, S. 63).

Wie sah es nun aus, das kulturelle Leben in der Weimarer Republik, jener Zeit, die Historiker allgemein in drei Phasen einteilen: die revolutionäre Phase von 1918-1923, von der Novemberrevolution bis zum Hitlerputsch und zur Inflation, die Stabilisierungsphase zwischen 1923 und 1928/29 und die Verfallsphase mit der Weltwirtschaftskrise und dem Aufstieg der Nationalsozialisten bis 1933?

»The roaring twenties«, »Die Goldenen Zwanzigerjahre« – so lauten noch immer die Schlagworte für die Kultur zwischen 1918 und 1933. Sie treffen »jene Zwanzigerjahre« auch wegen oder gerade trotz Adornos Verdikt: »Schlagworte machen sich verdächtig nicht bloß durch ihre Funktion, den Gedanken zur Spielmarke zu degradieren; sie sind auch Index ihrer eigenen Unwahrheit« (Adorno 1963, S. 59).

Entscheidend für den »Mythos der goldenen Zwanzigerjahre« ist vor allem der nostalgische Blick auf eine Zeit zurück und einen Modernisierungsprozess, der mit der nationalsozialistischen Herrschaft ein jähes Ende fand. Zugleich stellte das kulturelle Leben der Weimarer Republik in der Tat eine Befreiung gegenüber de obrigkeitsstaatlichen Kultur des wilhelminischen Reiches mit ihrer allgemeinen Zensurpraxis dar. Im Kontrast zu ihr waren die Zwanzigerjahre von einer »Lust am Neubeginn« geprägt, einer bunten Vielfalt an Konzepten, Ideen und Themen, einer »Umwertung der Werte« und schließlich von Widersprüchen und Gegensätzen.

Diese gilt es nicht zu vergessen, denn einerseits war Berlin in den Zwanzigerjahren nicht nur das Zentrum Deutschlands, sondern zugleich die kulturelle Metropole Europas. Dies hieß 1927: 49 Theater, darunter drei Opernhäuser, 1929: 363 Kinos, 37 Filmgesellschaften, 2633 Zeitschriften, darunter 45 Morgenzeitungen und 14 Abendblätter in der Reichshauptstadt, wobei sich die Schlagwörter fast ausschließlich auf das Berliner Kulturleben beziehen. Doch es gab andererseits auch noch die Provinz. In diesem Verhältnis von Berlin und Provinz stehen sich letztlich auch Urbanität und Provinzialität als Erscheinungsformen von Modernismus und Tradition gegenüber. In der Provinz, in Weimar, wurde schließlich auch die Politik gemacht. Daher ist es diese Parallelität »Weimarer Republik« und »Goldene Zwanziger«, die zum ironischen Bonmot (ver-)führt: »Was politisch misslang, hat künstlerisch allemal eine Erfüllung gefunden«.

Im Gegensatz zu den Künsten gab es in der Politik 1918 keinen wirklichen Neuanfang. Die Niederlage des Kaiserreichs im Ersten Weltkrieg führte nicht zu einer qualitativen Veränderung der gesellschaftlichen Verhältnisse, und im politischen Sinne konnten die Verteidiger der Weimarer Republik als demokratischer Staatsform keine Mehrheiten finden. Im Kampf um die politische Macht unterlagen sie immer mehr den »Systemgegnern« – einmal mehr ein »Schlagwort« für die politischen Kräfte von links und rechts. Deren Vorstellungen fielen aber weit auseinander: Ging es der »Rechten« darum, die nationalen Kräfte mittels der »Dolchstoßlegende« für einen außenpolitischen Revisionismus zu sammeln, um Vorkriegsverhältnisse und am Ende ein Drittes Reich herzustellen, zielte die »Linke« auf die sozialistische statt der bürgerlichen Republik.

. Rückblickend ist wohl kaum eine Epoche im 20. Jahrhundert so geprägt von Schlagwörtern wie die Zeit der Weimarer Republik. Insbesondere das »Neue« wurde immer wieder betont. Vom »Neuen Bauen« war die Rede, exemplarisch dafür stehen Mies van der Rohes Entwurf für ein gläsernes Hochhaus (1920/21), Erich Mendelsohns Einsteinturm (1920) oder Walter Gropius' Bauhaus in Dessau (1926) sowie die Konzentration der Architekten auf Geometrie und Rationalismus; die Zeitschrift mit dem Titel »Neues Wohnen« propagierte die neue Wohnkultur. Daneben sprach man von der »Neuen Musik«, der »Neuen Sachlichkeit«, und im Bereich des Tanzes sprachen die Amerikaner später vom »New German Dance«, der sich in Berlin in den Zwanzigerjahren herausbildete. Auch Brecht wollte im Bereich des Theaters der »neuen Dramatik« (vgl. GW 15, 137 ff.) zum Erfolg verhelfen, nachdem Leopold Jessner und Erwin Piscator ebenfalls »Neues« auf dem Theater zeigten, vor allem neue Bühnenmodelle und Inszenierungsstile, d. h., sie ließen auf der Treppe (Jessner) spielen oder auf Dreh- und Simultanbühnen (Piscator). Beide demonstrierten eindringlich die »Idee des Regietheaters«.

Verbunden mit dem Hinweis auf das Neue, Eigenartige, Ungewohnte war oftmals die Berufung auf die Zwecke und die »neuen Funktionen«. »Was zweckmäßig ist, ist auch schön«, war die Idee. Getragen von den Bauhaus-Künstlern führte sie dazu, die Künste auf die maschinelle Produktion zu beziehen und Elfenbeinturmdasein und L'art-pour-l'art Mentalität aufzugeben. Etwas weiter als der proklamierte Wille zur Aufhebung der Autonomie der Kunst und ihrer Überführung in die Lebenspraxis ging die angestrebte Politisierung der Künste. Im musikalischen Bereich führte dies zur Auseinanderentwicklung der »neuen Komponisten« mit Arnold Schönberg, dessen programmatische Aufhebung der Tonalität als ordnungsstiftendem Faktor bereits auf die Jahre um 1910 datiert, und Alban Berg mit ihren »Zwölftonkompositionen« auf der einen, Hanns Eisler auf der anderen Seite, Paul Hindemith, Ernst Krenek und Kurt Weill dazwischen.

Vor allem im Theaterbereich wurde im Laufe der Weimarer Zeit immer offener das »Politische Theater« gefordert. 1929 erschien das gleichnamige

Buch Erwin Piscators, und die Agitprop-Theatergruppen wie z. B. »Die blauen Blusen« waren auf ihrem Höhepunkt. Parallel lässt sich innerhalb der Filmentwicklung ebenfalls eine Politisierung feststellen; so entstehen um 1929 die ersten »proletarischen Filme« wie z. B. *Mutter Krausens Fahrt ins Glück*, dessen Naturalismus dem Realismus Brechts in seinem Film *Kuhle Wampe oder Wem gehört die Welt?* (TF I, 117 ff.) gegenübersteht.

Geprägt wurde die Kultur dieser Jahre zweifellos mehr durch die visuellen Künste als durch die literarischen, trotz bedeutender Werke wie Musils *Mann ohne Eigenschaften*, Döblins Großstadtroman *Berlin Alexanderplatz*, Manns *Zauberberg*, Hesses *Steppenwolf* und *Demian* sowie Kafkas Romanen. Deshalb konnte auch der Titel einer Kunstausstellung zum Signum einer ganzen Epoche werden: »Neue Sachlichkeit«. Was in Mannheim 1925 zu sehen war, waren keine expressionistischen Ausdrucksbilder mit ihrem verzweifelten Schrei nach dem »neuen Menschen«. Stattdessen herrschte in den ausgestellten Bildern der sezierende Blick vor, der Menschen wie Dinge klar und nüchtern, kühl und distanziert präsentierte; so wird das »Subjekt zur Sache«, und alles »Subjektive« droht zu verschwinden, während der gemalte Gegenstand scheinbar »objektiv« als Tatsache erscheint. Die Dominanz der Fakten, die Präsentation der »Oberflächen«, die sich in den Bildern von Christian Schad, George Grosz, Otto Dix u. v. a. finden, zeigt sich auch in anderen Künsten. So blühten in der Belletristik die Gattungen Reportage (vgl. den »rasenden Reporter« Egon Erwin Kisch) und Biografie (vgl. Emil Ludwigs »Biographien« und Siegfried Kracauers Essay *Die Biographie als neubürgerliche Kunstform* [Kracauer 1977, S. 75 f.]). Auf dem Theater wurden indes »Zeitstücke« gespielt, wie Peter Martin Lampels *Revolte im Erziehungshaus* oder Friedrich Wolfs *Zyankali – § 218*. Die Themen sollten stets Bekenntnis zum »Hier und Jetzt« sein. Sie kreisten um Krieg und Revolution, Justiz, Macht und Gewalt, Arbeit und Technik und bezogen sich auf Geschlechter- und Generationenkämpfe. Die Autoren verstanden das Theater als moralische Anstalt und versuchten mit ihren Dramen zur Veränderung der kritisierten Zustände beizutragen. Solche Bühnentendenzen kennzeichnen teilweise auch die klassische Musikgattung der Oper: »Man hatte es satt, sich auf der Opernbühne dauernd in fantastische, ferne Welten versetzen zu lassen. Man bekannte sich zur Gegenwart und wollte Gegenwart auf der Opernbühne sehen«, schrieb der Musikkritiker Heinrich Strobel.

Beeinflusst waren alle diese Strömungen durch den »Amerikanismus«, sichtbar zum einen in Form des »Taylorismus«, d. h. der wissenschaftlichen Erforschung von Arbeitsabläufen zu deren ökonomischer Optimierung, und zum anderen in Gestalt des »Fordismus«, jener von Henry Ford bei der Produktion seines Automodells T praktizierten Rationalisierung durch Massenherstellung. Bildhaft vereinigten sich beide Prinzipien im »Siegeszug des Fließbandes«. Folge davon war, dass Henry Fords Autobiografie *Mein Leben und Werk* (1923) zum Bestseller wurde. Darin plädierte er für »Wohlstand für alle«, für eine Sozialpartnerschaft im Kontext einer Arbeitsintensivierung, wie sie die Zeitgenossen wünschten: Der Massenproduktion sollte der Massenkonsum folgen. Zum anderen manifestierte sich der »Amerikanismus« im zunehmenden Einfluss der behavioristischen Theorie. Je nach politischem Standpunkt wurden die amerikanischen Einflüsse entweder als Modernismus begrüßt, als notwendiger Fortschritt oder als »fremder Einfluß«, als »kultur- und seelenloser Materialismus« im Kontext der Vorstellung eines »Untergangs des Abendlandes« (Oswald Spengler) gedeutet, so dass die positive »Kultur« der negativen »Zivilisation« gegenüberstand. Brecht pendelte ebenfalls zwischen teilweiser Bewunderung und Kritik dieser Einflüsse, wobei das Urteil im *Dreigroschenprozeß* den Schlussstrich unter seine anfängliche Anteilnahme, z. B. im Stück *Mann ist Mann*, zieht:

»Der Behaviorismus ist eine Psychologie, die von den Bedürfnissen der Warenproduktion ausgeht, Methoden in die Hand zu bekommen, mit denen man den Käufer beeinflussen kann, also eine aktive Psychologie, fortschrittlich und revolutionierend katexochen. Sie hat, ihrer kapitalistischen Funktion entsprechend, Grenzen (die Reflexe sind biologische, nur in einigen Chaplin-Filmen sind sie schon sozial). Der Weg geht auch hier nur über die Leiche des Kapitalismus, aber dies ist auch hier ein guter Wegs« (GW 18, 171 f.)

Im Kontext des »Amerikanismus« lässt sich auch eine zunehmende Technisierung des gesellschaftlichen Lebens feststellen. Die Technik wird nicht allein für die Ökonomie wichtiger, sondern prägt auch den Alltag der Menschen, sei es im Verkehrs- oder Nachrichtenwesen, sei es in der Unterhaltungsindustrie. Auch in die Künste hält sie Einzug. Neben der Technisierung des Theaters in Piscators Inszenierungen und Revuen (*Roter Rummel*, 1924, *Trotz alledem*, 1925) werden Rundfunk und Tonfilm zum Signum der Epoche, in der die technisch produzierte Musik, auf Schallplatte oder via Äther, das Musikhören im Konzertsaal immer mehr verdrängt. Nicht zuletzt tritt die Technik auch in der Oper auf: Auto, Radio, Telefone spielen mit und Maschinen dürfen sogar wie in Max Brands *Maschinist Hopkins* (1929) singen. Trotz kritischer Stimmen überwiegt die Zuversicht, das Grammofon werde eine Generation von Menschen erziehen, »die besser als wir erkennen, welches Ziel den Sinn der Maschine bestimmt, denen die Technik kein Gegenstand beklemmter Anbetung mehr ist, sondern ideales Mittel, dem Menschen sein Dasein zu erleichtern« (Hans Heinz Stuckenschmidt).

Der »Gebrauch« und die Funktionalität werden auf diese Weise zu wichtigen Kategorien, die sowohl die Alltagskünste (vgl. z. B. die Produkte der Architekten im Umkreis des Bauhauses) wie auch zuletzt die Künste prägen, in denen z. B. die »Gebrauchsmusik« propagiert wird. Paul Hindemith, ein Exponent dieser Idee, verknüpft dabei die praktische Musikausübung mit der Vorstellung einer »Gemeinschaftsmusik«: »Wir sind überzeugt, dass das Konzert in seiner heutigen Form eine Einrichtung ist, die bekämpft werden muss, und wollen versuchen, die fast verloren gegangene Gemeinschaft zwischen Ausführenden und Hörern wiederherzustellen«. Resultate dieser Konzeption finden sich später auch in Brechts Radiolehrstück *Der Ozeanflug* (GW 2, 565 ff.), zu dem Hindemith und Weill die Musik komponierten.

Auf Grund der *Technisierung* der Künste fällt die Kultur der Weimarer Republik mit dem Beginn und seither ungebremsten Siegeszug der Vergnügungs- und Massenunterhaltungsindustrie zusammen. Die »von hochkonzentrierter wirtschaftlicher Macht gesteuerte Massenkultur« (Adorno) mit ihrem »Kult der Zerstreuung« (Kracauer) ist die Konsequenz der zunehmenden Intensivierung der Arbeit, die wiederum zur Folge hat, dass das Freizeitangebot immer attraktiver werden muss.

In diesem Bereich blühte die Filmindustrie mit den Kinostars Greta Garbo, Marlene Dietrich, Willy Fritsch, Lilian Harvey u. v. a. Sie erfüllten auf der Leinwand in den verschiedensten Filmgenres, vom Liebes- bis zum Heimatfilm, von der Abenteuer- bis zur Gangsterstory all jene Wünsche und Sehnsüchte des Publikums, die es im Alltag verdrängen musste. Nicht zuletzt ließ der Übergang vom Stumm- zum Tonfilm viele Operetten- und Musikfilme entstehen, so dass die Verfilmung der *Dreigroschenoper* auch im Kontext der Filme mit Opernstars zu sehen ist, wie z. B. *Die singende Stadt* (1930) mit Jan Kiepura oder *Melodie der Liebe* (1932) mit Richard Tauber sowie den sangeslustigen UFA-Streifen à la *Die Drei von der Tankstelle* (1930) und dem Kultfilm *Der blaue Engel* (1930).

Das neue Medium Film wurde so zum Zufluchtsort vor der Realität, in dem die Wirklichkeit ideologisch verklärt oder mit diversen Stereotypen erklärt wurde. Diese Art von Lebenshilfe beschreibt Kracauer in seiner Artikelserie *Die kleinen Ladenmädchen gehen ins Kino* (Kracauer 1977, S. 279 ff.): »Die blödsinnigen und irrealen Filmfantasien sind die *Tagträume der Gesellschaft*, in denen ihre eigentliche Realität zum Vorschein kommt, ihre sonst unterdrückten Wünsche sich gestalten« (ebd., S. 280).

Auch neben den großen Publikumserfolgen entstanden auch die »Filmklassiker« der Stummfilmzeit wie z. B. Robert Wienes *Das Cabinet des Dr. Caligari* (1920), Friedrich Wilhelm Murnaus *Nosferatu* (1922) oder Fritz Langs *Metropolis* (1927) sowie später die beliebten Filme zweier zeittypischer Genres: der »Straßenfilm« und der »Kammerspielfilm«.

Mit Walter Ruttmanns *Berlin. Die Sinfonie einer Großstadt* (1927) wird einmal mehr die herausragende Bedeutung Berlins für die Weimarer Zeit betont und zugleich in einem »Querschnittsfilum« deutlich jenes Kunstprinzip vorgeführt, das für die Avantgarde der Zwanzigerjahre konstitutiv ist: die Montage.

Einher geht diese Dominanz der Bilderfluten, der Schaulust (vgl. die steigende Zahl der »Illustrierten Zeitungen«) mit dem Sport als »Massenphänomn« und der wachsenden Bedeutung der Sportvereine. Auch Intellektuelle begeisterten sich dafür, zogen sie doch keine Grenze zwischen E- und

U-Kultur und schrieben voller Enthusiasmus über Sechstagerennen, Box-kämpfe, Autorennen etc. in den neuen Zeitschriften »Der Querschnitt«, »UHU« usw. Diese Magazine belegen eindringlich den Siegeszug des Fotos in illustrierten Heften und die wachsende Bedeutung der Fotografen, z. B. Erich Salomon, Sascha Stone und August Sander. Dessen Fotoband *Antlitz der Zeit* (1929) überliefert die Physiognomie der Zeit, indem das Einzel-porträt hinter dem Sozialtypus zurücktritt.

Wie der Fotojournalismus, so konnten auch Operetten und Revuen ihre Erfolge feiern; Varietés und Bars hatten Hochkonjunktur: »Musik lag in der Luft«. Jazz und Schlager befriedigten die Musikinteressen, Boulevard-Theater und Cabaretts die Schaulust der Besucher.

Blickt man zurück auf die Kultur der Weimarer Republik, so ist die Tech-nisierung die Formel, mit der sich vieles erklären lässt, die Montage das dazu passende Stilmittel; genauer: Es ist die Technik, die ihre Blütezeit er-fährt, nicht nur in den Proklamationen der Produzenten, die sich oft als Montagekünstler verstanden, sondern vor allem in den Künsten Musik, Film, Theater, Malerei selbst. Zugleich ließe sich dadurch auch eine histori-sche Brücke schlagen von den ersten (Bild-) Montagen der Dada-Künstler 1918/19, die 1920 auf der 1. Internationalen DADA-Messe gezeigt wurden, bis hin zu John Heartfields Fotomontagen, die bis 1933 auf dem Titelblatt oder innerhalb der »Arbeiter-Illustrierten-Zeitung (A-I-Z) erschienen.

Daher könnte diese Zeit wohl am besten ebenfalls durch eine Montage verschiedener Werke verdeutlicht werden, die z. B. folgendermaßen ausse-hen kann: Otto Dix' Triptychon *Die Großstadt* als Hintergrund, davor dessen *Krüppel* sowie die *Prager Straße* mit den Bettlern, komplementär dazu George Grosz' *Stützen der Gesellschaft*; dazwischen Porträts der bei-den Frauentypen der Zwanzigerjahre, der erotisch-romantische Typ, der elegante Vamp, und der nüchtern-geschäftsmäßige Typ, der sportliche Bu-bikopf (Brechts Polly stellt die Synthese beider dar); etwas nach rechts ver-setzt Rudolf Schlichters *Brecht*-Porträt und daneben John Heartfields Buchumschlag *Eros* und ganz links seine Fotomontage *Die Rationalisie-rung marschiert*.

Als Motto über dieser Bild- und Fotomontage könnte eine Notiz Brechts stehen, die er 1926 in sein Tagebuch notierte. »Als heroische Landschaft habe ich die Stadt, als Gesichtspunkt die Relativität, als Situation den Ein-zug der Menschheit in die großen Städte zu Beginn des dritten Jahrtau-sends, als Inhalt die Appetite (zu groß oder zu klein), als Training des Pu-blikums die sozialen Riesenkämpfe« (GW 15, 70). Diese Maxime dürfte auch für die *Dreigroschenoper* gelten, denn nicht zuletzt endet die obige Notiz mit dem Programm: »Aber welche Fülle des Stoffes bietet überhaupt die Bearbeitung, ermöglicht durch die neuen Gesichtspunkte!«

1.5 Das epische Theater und der Song der Seeräuber-Jenny

Für den Theaterbesucher des 20. Jahrhunderts ist das epische Theater untrennbar mit dem Namen Brecht verbunden, und Brechts Lieblingsspruch »The proof of the pudding is in the eating« fordert dazu auf, das Konzept seines epischen Theaters weniger als theoretisches Theatermodell zu begreifen, als abstrakte Bühnenkonzeption, sondern vielmehr als konkrete Theaterpraxis, als sinnliches Bühnengeschehen. Brecht betont in allen seinen theatertheoretischen Schriften explizit ihren Ursprung in, ihre Beziehung zu und ihre Konsequenzen bezüglich der Bühnenpraxis. Daher zeigt das Gesamtwerk Brechts vor allem das Prinzip der Veränderung, sowohl der Stücke als auch der Theorie.

Auf Grund dieser Historizität spricht Brecht später auch immer weniger vom epischen als vom »dialektischen Theater«. Auf die Theorie des epischen Theaters angewendet, verschwindet deren Aura des Genialen, Exklusiven und Individuellen, und das »epische Theater« wird weniger als »Erfindung« von Individuen begriffen denn als Teil des modernen Theaters, das in verschiedenen Versuchen vorliegt, wie es Peter Szondi in seiner *Theorie des modernen Dramas* detailliert beschreibt.

Insofern sind Brechts, ebenso wie Piscators Versuche, das epische Theater zum Theater des 20. Jahrhunderts zu machen, Ausdruck und Folge einer gesamtgesellschaftlichen Entwicklung zugleich. Beide greifen die Entwicklungen im Bereich der neuen Kommunikations- und Distributionsapparate auf, um sie für die Bühne nutzbar zu machen. Die Veränderungen durch die neuen Medien (Film, Radio) und ihre neuen Darstellungsweisen sollten als »Techniken« begriffen werden, die auch für die alten Medien Auswirkungen haben und dort benützt werden können. In seinem *Dreigroschenprozeß. Ein soziologisches Experiment* fasst Brecht diese Einsicht für den Romancier so zusammen:

>»Die Verwendung von Instrumenten bringt auch den Romanschreiber, der sie selbst nicht verwendet, dazu, das, was die Instrumente können, ebenfalls können zu wollen, das, was sie zeigen (oder zeigen könnten), zu jener Realität zu rechnen, die seinen Stoff ausmacht, vor allem aber seiner eigenen Haltung beim Schreiben den Charakter des Instrumentebenützens zu verleihen« (GW 18, 156 f.).

Von daher durchzieht Brecht Reflexionen über Kunst und vor allem über seine Theaterarbeit stets die soziologische Bestimmung, wonach die »künstlerische Produktion« nicht als Ausdruck einer »Persönlichkeit« zu begreifen sei, sondern vielmehr als kollektive Arbeit, die es insbesondere mit Apparaten zu tun habe, deren Funktionen die Theaterleute mehr interessieren sollten:

>»Denn in der Meinung, sie seien im Besitz eines Apparates, der in Wirklichkeit sie besitzt, verteidigen sie einen Apparat, über den sie keine Kontrolle mehr haben, der nicht mehr, wie sie noch glauben, Mittel für die Produzenten ist, sondern Mittel gegen

die Produzenten wurde, also gegen ihre eigene Produktion (wo nämlich dieselbe eigene, neue, dem Apparat nicht gemäße oder ihm entgegengesetzte Tendenzen verfolgt). Ihre Produktion gewinnt Lieferantencharakter« (Versuche, H. 2, S. 101).

Innerhalb der *Anmerkungen zur Oper »Aufstieg und Fall der Stadt Mahagonny«*, denen das obige Zitat entnommen wurde, skizziert Brecht dann auch erstmals jenes Schema zur »epischen Form des Theaters«, das seither als »klassischer« Brecht-Text gilt. Zu beachten dabei ist allerdings, dass das folgende Schema explizit auf ein konkretes Bühnenstück verweist und »nicht absolute Gegensätze« zeigt, »sondern lediglich Akzentverschiebungen«. Daher kann auch innerhalb eines »Mitteilungsvorgangs das gefühlsmäßig Suggestive oder das rein rationell Überredende bevorzugt werden« (Versuche, H. 2, S. 103).

Zum ersten Mal erschien das folgende Schema 1930; nach diesem Erstdruck wird es hier zitiert:

»DRAMATISCHE FORM DES THEATERS	EPISCHE FORM DES THEATERS
handelnd	erzählend
verwickelt den Zuschauer in eine Bühnenaktion	macht den Zuschauer zum Betrachter, aber
verbraucht seine Aktivität	weckt seine Aktivität
ermöglicht ihm Gefühle	erzwingt von ihm Entscheidungen
Erlebnis	Weltbild
Der Zuschauer wird in etwas hineinversetzt	er wird gegenübergesetzt
Suggestion	Argument
Die Empfindungen werden konserviert	bis zu Erkenntnissen getrieben
Der Zuschauer steht mittendrin miterlebt	Der Zuschauer steht gegenüber studiert
Der Mensch als bekannt vorausgesetzt	Der veränderliche und verändernde Mensch
Spannung auf den Ausgang	Spannung auf den Gang
Eine Szene für die andere	Jede Szene für sich
Wachstum	Montage
Geschehen linear	in Kurven
evolutionäre Zwangsläufigkeit	Sprünge
Der Mensch als Fixum	Der Mensch als Prozeß
Das Denken bestimmt das Sein	Das gesellschaftliche Sein bestimmt das Denken
Gefühl	Ratio
[…]	

Für die Musik ergab sich folgende Gewichtsverschiebung:

DRAMATISCHE OPER	EPISCHE OPER
Die Musik serviert	Die Musik vermittelt
Musik den Text steigernd	den Text auslegend

Musik den Text behauptend	den Text voraussetzend
Musik illustrierend	Stellung nehmend
Musik die psychische Situation malend	das Verhalten gebend«

(Versuche, H. 2, S. 103 f.)

Wenn Brecht später konstatiert: »Die Aufführung der ›Dreigroschenoper‹ 1928 war die erfolgreichste Demonstration des epischen Theaters« (GW 15, 473), so belegt dies einmal mehr die Bedeutung dieses Stückes für die Theorie und zugleich die Dominanz der Bühnenpraxis gegenüber den theoretischen Anmerkungen, die Brecht erst drei Jahre nach der Uraufführung schrieb.

Brechts Theorie des epischen Theaters lässt sich daher am besten an einer Musterszene aus seinem Erfolgsstück veranschaulichen – wobei sich in vielen anderen Brecht-Stücken die verschiedenen Darstellungsweisen finden lassen, wie z. B. der Erzähler *(Kaukasische Kreidekreis)* bzw. die erzählenden Titel, Projektionen oder Schautafeln *(Mutter Courage, Galilei)* oder die erzählerischen Einlagen *(Herr Puntila und sein Knecht Matti)* sowie all die Unterbrechungen der dramatischen Handlungen durch die Wendung an das Publikum *(Der gute Mensch von Sezuan)* bzw. durch die Selbstcharakterisierung einer Person *(Die Mutter)*.

Griff Brecht für seine *Dreigroschenoper* auf John Gays *Beggar's Opera* zurück, so konnte er damit zugleich Themen und Motive des »klassischen Dramas« aufgreifen und in seinem neuen epischen Theater »zitieren« (vgl. Kap. 4.2). Für seine Musterszene (S. 27 ff.) gibt es keine Vorlage in Gays Stück, sie wurde von Brecht ganz neu im Sinne der epischen Theatertheorie konzipiert. Der Titel »Tief im Herzen Sohos feiert der Bandit Mackie Messer seine Hochzeit mit Polly Peachum, der Tochter des Bettlerkönigs« (S. 17) fasst den Inhalt der 2. Szene prägnant zusammen, so dass sich der Zuschauer ganz auf den Verlauf der Hochzeitsfeierlichkeiten konzentrieren kann und von Interesse für ihn daher eher die Frage ist »Wie und warum handeln die Personen so und nicht anders«? als jene »Was passiert auf der Bühne«?

Mit dieser entspannten Haltung – Brecht verglich sie mit derjenigen bei Sportveranstaltungen (z. B. GW 15, 81 ff.) – beobachtet der Zuschauer die Details. Dabei ist er mehr am Verlauf des Geschehens als am Ausgang interessiert. Innerhalb des Hochzeitsfestes singt Polly das Lied *Die Seeräuber-Jenny*, dessen Titel ebenfalls auf einer Tafel steht. Wie alle Songs im Stück hat dieses Lied keine Funktion für die weitere Handlung; stattdessen unterbricht es das Geschehen und zeigt eine »Haltung«. Ein »Gestus« wird ausgestellt, der mehr umfasst als eine momentane Gebärde des Schauspielers, da es sich um einen Komplex aus Mimik, Körperausdruck, Sprache und Beziehungen zu anderen Personen (vgl. GW 15, 409) handelt. Unterstützt wird dieser Effekt der Unterbrechung und Demonstration von Haltungen durch die Musik, deren Einsatz jeweils hervorgehoben wird: »Songbe-

leuchtung: goldenes Licht. Die Orgel wird illuminiert. An einer Stange
kommen von oben drei Lampen herunter, und auf den Tafeln steht: [der
entsprechende Name des Songs]« (S. 27). Auf diese Weise wird *gezeigt,* wie
die Musik gemacht wird: Umbau der Bühne, Beleuchtung auf den Schauspieler, der dadurch aus der Rolle des Handlungsteilnehmers tritt und die
Rolle des Sängers übernimmt. Insofern macht der Schauspieler deutlich,
dass er Rollen spielt: Er stellt eine Figur bzw. eine bestimmte Handlungs-
weise dar (vgl. auch S. 100).

Besonders hervorgehoben wird Pollys Lied dadurch, dass sie selbst den
Song szenisch vorbereitet, ihn sozusagen in ein episches Geschehen einbet-
tet und die Geschichte ihrer Rolle, der eines Abwaschmädchens, erzählt.
Spielerisch führt sie Jenny ein und baut zugleich die Kneipe auf, in der sich
alles abspielte, wobei sie beides kommentiert. All dies entspricht den Verwandlungen innerhalb der ganzen Szene: Aus einem Pferdestall wird ein
»feines Lokal« (S. 18), aus den Gangstern werden Herren in eleganten
Abendanzügen (S. 21).

Der Zeigecharakter wird durch diese Verwandlungen unübersehbar,
denn der Zuschauer im Parkett sieht die Hochzeitsgäste, denen Polly etwas
vorspielt und die sie auffordert, mitzuspielen: »Jetzt sagt zum Beispiel einer
von Ihnen – *auf Walter deutend –,* Sie: Na, wann kommt denn dein Schiff,
Jenny? Walter: Na, wann kommt denn dein Schiff, Jenny«? (S. 26 f.) Und
nach ihrem Spiel im Spiel darf der Kommentar zu ihrem Auftritt und zur
Wirkung ihres Liedes nicht ausbleiben, um so die »Demonstration der
Kunstvorstellung« zu vollenden.

In Brechts *Dreigroschenoper* wird die traditionelle Dramatik verworfen,
denn die Geschlossenheit der Handlung wird bewusst unterbrochen. Zugleich wird der Zuschauer aufgefordert, dem Bühnengeschehen nicht kom-
mentarlos zu folgen, sondern darüber zu reflektieren. Ein Kennzeichen des
epischen Theaters ist deshalb die Unterbrechung von Handlungsabläufen,
die Inszenierung von »Tableaus«. Auf diese Weise kann das Geschehen auf
der Bühne kommentiert werden; dies ist eine der wichtigsten Funktionen
der Songs, die dabei auch letztlich Perspektiven aufzeigen, die außerhalb
der Bühnenaktionen liegen. Exemplarisch erfüllt der *Song der Seeräuber-
Jenny* diese Aufgabe. Nicht zufällig war er vor dem Bühnenstück entstanden und wurde auch später allein in die Gedicht-Sammlung *Hundert Gedichte* (1951) aufgenommen. Jennys Vision zitiert als Gegensatz zu den
»Räubern« im Stück noch den echten »Seeräuber« und in ihrem Zukunfts-
entwurf gibt es für Begnadigungen à la Macheath keinen Platz, denn »alle«
werden getötet.

Der »Zeigecharakter« in Brechts epischem Theater resultiert aber nicht
allein aus der Textstruktur, d. h. der epischen Schreibweise, wie sie Brecht
für seine Dramen wählte (vgl. z. B. auch S. 18, 46). Diese ästhetische Position ist letztlich durch die gesellschaftlichen Verhältnisse bedingt, wonach

»weniger denn je eine einfache ›Wiedergabe der Realität‹ etwas über die Realität aussagt. Eine Photographie der Kruppwerke oder der AEG ergibt beinahe nichts über diese Institute. Die eigentliche Realität ist in die Funktionale gerutscht. Die Verdinglichung der menschlichen Beziehungen, also etwa die Fabrik, gibt die letzteren nicht mehr heraus. Es ist also tatsächlich ›etwas aufzubauen‹, etwas ›Künstliches‹, ›Gestelltes‹. Es ist also ebenso tatsächlich Kunst nötig. Aber der alte Begriff der Kunst, vom Erlebnis her, fällt eben aus. Denn auch wer von der Realität nur das von ihr Erlebbare gibt, gibt sie selbst nicht wieder. Sie ist längst nicht mehr im Totalen erlebbar.« (GW 18, 161 f.)

Daneben bedarf es aber für das »epische Theater« auch des besonderen Schauspielers, der den typisch epischen Darstellungsstil beherrscht. In Ernst Busch, Carola Neher, Helene Weigel u. v. a. fand Brecht den Typus von Künstlern, die in ihrer dramatischen Darstellung zugleich zu zeigen vermochten, dass ihr (Bühnen-)Handeln nicht das einzig mögliche und denkbare, historisch richtige oder notwendige ist, sondern dass es verschiedene Möglichkeiten gibt und dass alles »veränderlich und veränderbar« ist. Kurzum:

»Tatsächlich ist das *epische Theater* eine sehr künstlerische Angelegenheit, kaum zu denken ohne Künstler und Artistik, Phantasie, Humor, Mitgefühl, ohne das und viel mehr kann es nicht praktiziert werden. Es hat unterhaltend zu sein, es hat belehrend zu sein.« (GW 16, 555)

Die belehrende und unterhaltende Funktion des epischen Theaters bestimmt auch die Personengestaltung. Statt für das »Individuum« plädiert Brecht für das »Dividuum« und somit für die Möglichkeit des Menschen, sich zu ändern, sich andere Identitäten vorzustellen und letztlich sich auch zu »verstellen«. Macheath' Kommentar zu Pollys Gesang: »Übrigens, ich mag das gar nicht bei dir, diese Verstellerei« (S. 29) macht deutlich, weshalb es in Brechts epischem Theater kein »Sich-darauf-verlassen-Können« mehr gibt, sei es für die Figuren, sei es letztlich für die Zuschauer. Denn die gewünschte Reaktion in Brechts epischem Theater wäre, dass der Zuschauer sagt:

»Das hätte ich nicht gedacht. – So darf man es nicht machen. – Das ist höchst auffällig, fast nicht zu glauben. – Das muß aufhören. – Das Leid dieses Menschen erschüttert mich, weil es doch einen Ausweg für ihn gäbe. – Das ist große Kunst: da ist nichts selbstverständlich. – Ich lache über den Weinenden, ich weine über den Lachenden« (GW 15, 265).

Unerwünscht ist für den Stückeschreiber und Regisseur ein Zuschauer, der das Bühnengeschehen folgendermaßen kommentiert:

»Ja, das habe ich auch schon gefühlt. – So bin ich. – Das ist nur natürlich. – Das wird immer so sein. – Das Leid dieses Menschen erschüttert mich, weil es keinen Ausweg für ihn gibt. – Das ist große Kunst: da ist alles selbstverständlich. – Ich weine mit den Weinenden, ich lache mit den Lachenden« (ebd.).

Zusammengefasst: Brechts episches Theater zielt auf eine Darstellung, der es gelingt, die immer komplexer werdende Umwelt, die Veränderungen der Gesellschaft, d. h. die »neuen Stoffe« mit den »neuen Beziehungen der Menschen untereinander« (GW 15, 196) auf der Bühne zu zeigen. Von daher sieht Brecht im epischen Theater auch das »Theater des wissenschaftlichen Zeitalters« (GW 16, 662). Dieses sollte jedoch nicht als »wissenschaftliches Theater« missverstanden werden: »Was immer an Wissen in einer Dichtung stecken mag, es muß völlig umgesetzt sein in Dichtung« (GW 15,270).

Brecht forderte nicht nur theoretisch, sondern entwickelte vor allem praktisch die verschiedensten Theatermittel, die die gewünschte Haltung der Distanz beim Zuschauer erzielen sollten. Dazu nutzte er die Schwesterkünste, Bühnenbild und Musik, ebenso konsequent wie er selbst den Sprachgestus und die epische Handlungsstruktur dafür entwarf.

Ungeeignet für seine Zwecke waren alle Dramenformen, die den einfühlenden Zuschauer voraussetzen, auf Katharsis als Wirkung zielen und deren Handlung linear auf die Katastrophe hinausläuft, so dass die einzelnen Teile stets aufeinander angewiesen sind. Stattdessen plädierte er für eine Dramatik, in der die einzelnen Szenen für sich stehen können, allerdings von der Fabel des Stückes abhängen, die sich als Summe der einzelnen Szenentafeln verstehen lässt.

Die Inszenierung dieser Autonomie der einzelnen Szenen, gepaart mit der beschriebenen Darstellungsweise, sollte jene »Einfühlung« in das Kunstwerk verhindern, die Brecht kontinuierlich als Zuschauerreaktion kritisiert. Um die gewünschte »kritische« Haltung des Betrachters zu ermöglichen, wurde Brecht nicht müde, die verschiedenen Formen von »Verfremdung« einzusetzen. Oft als Mittelpunkt des epischen Theaters ausgegeben, bedarf es gleichwohl der Unterscheidung von Verfremdung als Zustand und den dazu notwendigen künstlerischen Mitteln. Einerseits ist es unzulänglich, das epische Theater auf den »V-Effekt« zu reduzieren, quasi als Anwendung jener Technik, mit der »darzustellenden Vorgängen zwischen Menschen der Stempel des Auffallenden, des der Erklärung Bedürftigen, nicht Selbstverständlichen, nicht einfach Natürlichen verliehen werden kann. Der Zweck des Effekts ist, dem Zuschauer eine fruchtbare Kritik vom gesellschaftlichen Standpunkt zu ermöglichen.« (GW 16, 553) Andererseits wäre es falsch, die Theorie der Verfremdung in Brechts Ästhetik allein als künstlerische Methode zu begreifen, denn für den Stückeschreiber ist Verfremdung eingebunden in die »politische Theorie« und letztlich nur in Verbindung mit der »Dialektik« anzuwenden (vgl. GW 15, 358 ff.).

So wird verständlich, weshalb Brecht am Anfang seiner Theatertheorie und -praxis vom »epischen Theater« sprach (vgl. Voigts 1977) und in den späten theoretischen Schriften lieber vom »dialektischen Theater« (vgl. z. B. GW 16, 923 ff.). Die Dialektik der Historizität wandte er sowohl auf das eigene Denken als auch auf die Konzeption seines Theaters an.

2 Wort- und Sachkommentar

Die folgenden Seitenzahlen beziehen sich auf die Einzelausgabe: Bertold Brecht, Die Dreigroschenoper. Frankfurt/M. 1968 und weitere Auflagen = Edition Suhrkamp 229. In Klammern werden die Seitenangaben der Werkausgabe, Bd. 2, angefügt.

Titel   *»Die Dreigroschenoper«* sollte ursprünglich *»Gesindel«* heißen, danach *»Die Luden-Oper«* (BBA 1782), kurz vor der Premiere *»Des Bettlers Oper«* (vgl. GW 17, 990) ehe sie dann auf einen Vorschlag Lion Feuchtwangers hin als *»Die Dreigroschenoper«* am 31.8.1928 uraufgeführt wurde.

S. 7
(395)   *Moritat:* Lied der Bänkelsänger auf Jahrmärkten, wie z. B. dem Augsburger Plärrer, Brechts Lieblingsort in seiner Jugend. Von Drehorgelmusik begleitet, berichtet die Moritat meist von einer Mordtat oder anderen schaurigen Ereignissen. Auch im *»Dreigroschenfilm«* (TF II, 339, 345) sowie im *»Dreigroschenroman«* (GW 13, 862) verwendet Brecht die Moritat. 1933 benutzt er die bekannte Melodie erneut für seine *»Moritat vom Reichstagsbrand«* (GW 8, 408 ff.). (Vgl. zur Gattungsgeschichte der Moritat Riha 1975, S. 13 ff.). – *Mackie Messer:* Brechts Namen gehen auf Gays *»Beggar's Opera«* zurück, in der fast alle Charaktere sprechende, bzw. beschreibende Namen tragen. So ist Macheath, der *»Sohn der Heide«. – Soho:* Stadtteil Londons, in dem im 18. Jahrhundert vor allem Bettler, Prostituierte und Kriminelle leben. – *Haifisch:* vgl. zu dieser Metapher für ökonomisches Besitzstreben neben der Keunergeschichte *»Wenn die Haifische Menschen wären«* (GW 12, 394 ff.) auch die frühen Gedichte *»Das Schiff«* (GW 8, 179 ff.), *»Vom Schwimmen in Seen und Flüssen«* (GW 8, 209 ff.). – *Pest:* An der legendären Pest im Jahre 1665 starben in London 68 000 Menschen.

S. 7 f.
(395 f.)   *Schmul Meier […] Jenny Towler […] Alfons Glite:* Assoziationen anregende und onomatopoetische Namen, mit denen Brecht zum einen auf London als geografischen Ort anspielt und zum anderen auf den sozialen Ort, das Milieu der Prostituierten und Kriminellen, verweist.

S. 8
(397)   *große Feuer in Soho:* Neben der Pest (1665) war der Großbrand von 1666 *»die«* Katastrophe für die Stadtentwicklung Londons; vier Fünftel der Stadt wurde durch das Feuer zerstört.

S. 9
(397)   *Jonathan Jeremiah Peachum:* von Gay übernommener und sprechender Name, der sich von *»to peach* = verpfeifen herleitet. Die Vornamen spielen auf den *»Bibelkenner«* Peachum an. – *Morgenchoral:* Brecht verfremdet hier das sakrale Genre einer Hymne mittels eines profanen Textes.

S. 10
(398)   *»Geben ist seliger als Nehmen«:* vgl. Apostelgeschichte 20,35 – *Schnürboden:* Raum über der Theaterbühne, wo die Seile befestigt sind, mit denen Kulissen, Prospekte und anderes Bühnenmaterial herabgelassen und hinaufgezogen werden. – *Bibel:* Brecht bezieht sich mehrfach auf die Bibel. Neben dem Fundus für Peachums Sprüche, zeigt Macheaths Schicksal Bezüge zur Passion Christi (vgl. Jennys *»Judaslohn«*, S. 72, Browns Verrat, S. 58), und die Hochzeitsszene im Pferdestall (S. 17 ff.) spielt blasphemisch auf Christi Geburt an. – *»Gib, so wird dir gegeben«:* vgl. Matthäus 5,42 sowie Lukas 6,38. – *Filch:* von Gay übernommener, sprechender Name, der auf *»to filch«* = klauen zurückgeht.

S. 11
(399) *Distrikt:* (engl.) Verwaltungsbezirk; hier: Stadtteil. – *Highland Street:* fiktive Londoner Straße, ebenso wie Ginger Street (S. 18). Damit betont Brecht seinen »Realismus«, denn trotz nachweisbarer Realien Londons soll kein naturalistisches Abbild der Hauptstadt gezeigt werden. Gleiches gilt für seinen »Dreigroschenfilm« und »Dreigroschenroman«. – *Schellfisch; Flunder:* Brecht setzt hier seine Fischmetaphorik (vgl. Haifisch) fort. – *sein Steak im trocknen:* sprachliche Verfremdung der Redensart »sein Schäfchen im Trockenen haben«.

S. 12
(400) *Baker Street:* Straße in London, die v. a. im Zusammenhang mit der Wohnung des Meisterdetektivs Sherlock Holmes (Baker Street 221b) berühmt wurde; Brecht schätzte Doyles (1859-1930) Kriminalgeschichten (vgl. GW 19, 457 f.).

S. 15
(403) *Brot für den Hungrigen:* Peachums vermeintliches Bibelzitat verfremdet das legendäre Wort Jesu: »Der Mensch lebt nicht vom Brot allein« (Matthäus 4,4).

S. 18
(406) *Du sollst deinen Fuß nicht an einen Stein stoßen:* vgl. Psalm 91,12. – *Konstabler:* Polizist.

S. 19
(407) *Westend:* vornehmes Stadtgebiet Londons zwischen City und Hyde Park, im Gegensatz zu den ärmeren Stadtvierteln des »East End«. – *Rosenholz-Cembalo:* besonders im Rokoko (1720-1780) gern gespieltes Tasteninstrument, wobei das fein strukturierte Rosenholz den Wert als antikes Möbelstück hervorhebt. – *Renaissance-Sofa:* reich verziertes, meist mit Intarsien eingelegtes und aus schweren Hölzern gefertigtes Sitzmöbel aus der Kunstepoche der Renaissance (14.-16. Jh.).

S. 20
(408) *Bill Lawgen und Mary Syer:* anglophile Neologismen Brechts, ähnlich der Namen Kimball, Tiger-Brown.

S. 21
(409) *Chippendale:* Möbelstil des Rokoko, der auf den englischen Möbelhersteller Thomas Chippendale (1718-1779) zurückgeht. – *Louis Quatorze:* frz. Möbelstil im Anschluss an Louis XIV. (1643-1715).

S. 27
(415) *Die Seeräuber-Jenny:* Das 1926 entstandene Gedicht trug Carola Neher erstmals im Silvestkabarett 1926 der »Berliner Funkstunde« vor. Zum ersten Mal vertont wurde das Lied 1927 von Franz S. Bruinier. Das Motiv – ein Mädchen wartet auf einen Seeräuber – könnte auf Richard Wagners Oper »Der fliegende Holländer« (1843) zurückgehen. Vgl. auch den Song mit dem Titel »Träume eines Küchenmädchens« (GW 13, 945 f.) als Motto im »Dreigroschenroman«.

S. 29
(417) *Old Bailey:* volkstümliche Bezeichnung für den Central Criminal Court, Londons zentrales Kriminalgericht, 1902-1907 an der Stelle des Newgate-Gefängnisses erbaut.

S. 31
(419) *Der Kanonen-Song:* Zu diesem vermutlich 1924 entstandenen Song griff Brecht auf Kiplings Gedicht »Screw-Guns« zurück, wobei er das Motiv später auch für das Gedicht »Lied der drei Soldaten« (GW 8, 127 ff.) in seiner »Hauspostille« (1927) verwandte. – *Vom Cap bis Couch Behar:* vom Kap Komorin bis Couch Behar, d. h. von einem Ende Indiens zum anderen.

S. 32
(420) *Kastor und Pollux, Hektor und Andromache:* Figuren aus der griechischen Mythologie: Zwillingspaar, Söhne von Zeus und Leda, Hektor, der trojanische Held, und seine Frau. Beide Paare galten in der antiken Sage als unzertrennlich. – *Schiras:* wertvoller persischer Teppich aus glänzender Wolle.

S. 33
(421) *Scotland Yard:* Kriminalabteilung der Polizei in London, d. h. ein Bereich innerhalb der »Metropolitan Police Force of London« und zugleich Hauptgebäude der Londoner Polizei.

S. 34
(422)
Siehst du den Mond über Soho?: Brecht schrieb für Macheath und Polly auch das Duett »Der Ehesong« (GW Suppl. III, 218 f.), mit der szenischen Anweisung: »(gesungen von polly peachum und Macheath nach ihrer hochzeit) / (vor den vorhang mit einer flasche und einem glas etwas angetrunken mac, hinter ihm polly mit schepser brautkrone beinahe noch betrunkener)« (GW Suppl. IV, 18* Anmerkungen). Vgl. auch Brechts »Liebeslied« als Parodie klassischer Liebesduette wie z. B. Wagners »Tristan und Isolde« (2,2). – *Wo du hingehst:* vgl. Ruth 1,16 – *Myrte:* Baum, dessen Zweige zum Binden eines Brautkranzes benutzt werden.

S. 35
(423)
ein kleines Lied: Das als »Barbara-Song« bekannte Lied entstand 1927 unabhängig von der »Dreigroschenoper«. In der Erstfassung des Stückes (»Die Luden-Oper«) sollte Polly Brechts Bearbeitung von John Gays »Virgins are like the fair flower in its lustre« singen, doch »Die Jungfraunballade« (GW Suppl. III, 217 f.) wurde dann durch den »Barbara-Song« ersetzt.

S. 38
(426)
Beule: Dieses Motiv nutzt Brecht später als Titel und Sujet in seinem Drehbuch für einen »Dreigroschenfilm«.

S. 40
(428)
Das gibt vierzig Pfund: Übernahme von Gays Stück, in dem sich Peachum auf den »Highwayman Act« von 1692 bezieht, wonach jede Information, die zur Festnahme eines männlichen Kriminellen führt, mit 40 £ belohnt wurde. – *Menschern:* hier: Huren. – *Geld regiert die Welt:* Volksweisheit, populär geworden durch den Wahlspruch Herzog Friedrichs von Sachsen im 17. Jahrhundert: »Imperat in toto regina pecunia mundo«.

S. 42
(430)
Erstes Dreigroschen-Finale: Ursprünglich sollte Peachum Brechts Bearbeitung von John Gays »A fox may steal your hens, Sir« singen, doch »Wenn's einer Hur gefällt« (GW Suppl. III, 217) wurde bei der Premiere durch das »Erste Dreigroschen-Finale« ersetzt. – *Zum Essen Brot zu kriegen:* vgl. Matthäus 7,9. – *Ein guter Mensch sein!:* vgl. auch die Diskussion »Über den Begriff des Guten« in den »Flüchtlingsgesprächen« (GW 14, 1434 ff.).

S. 46
(434)
verkitscht: umgangssprachlich für: verkauft billig gestohlene Waren.

S. 48
(436)
Platte: (Österr.) Verbrecherbande. Bei der Uraufführung wurde Peachum als »Chef einer Bettlerplatte« und Macheath als »Chef einer Platte von Straßenbanditen« auf dem Programmzettel genannt.

S. 50
(438)
»Hübsch, als es währte: [...]« Brecht griff auf Kiplings Gedicht »Mary, Pity Woman« zurück. Ursprünglich sollte Lucy das vierstrophige Lied »Maria, Fürsprecherin der Frauen« (GW 10, 1055 f.) im 3. Bild des II. Aktes singen, doch fiel der Song bei der Premiere weg.

S. 51
(439)
Die Ballade von der sexuellen Hörigkeit: Dieses Lied wurde bei der Premiere nicht gesungen und erschien erstmals 1929 im »Kurt Weill-Songalbum«.

S. 52
(440)
Sellerie: Seit alters gilt diese Gemüse- und Gewürzpflanze als Glücksbringer und »anregendes« Mittel, dessen Genuss ewige Jugend verheißt.

S. 54
(442)
Paspeln: schmale Borte, meist in Form eines kleines Wulstes, als Nahtbesatz an Kleidungsstücken.

S. 55
(443)
Die Zuhälterballade: Diese Ballade geht auf Villons »Ballade von der dicken Margot« zurück (Villon, S. 180 f.), wobei Brecht teilweise wörtlich Karl Klammers Text übernimmt. Ursprünglich sollte Macheath »Die Ballade von den Ladies« (GW 10, 1052 ff.) singen, der Kiplings Gedicht »The Ladies« zu Grunde liegt.

S. 56 (444)	*Zu jener Zeit:* Diese Strophe fehlte sowohl bei der Premiere als auch in der Ausgabe »Die Songs der Dreigroschenoper«; dort hieß es: »Die 3. Strophe behandelt den heiklen Zustand, in den das Paar durch die Schwangerschaft des Mädchens gerät. Sie soll wegen ihrer Unfeinheit nicht gedruckt werden«.
S. 58 (446)	*Den Trick habe ich aus der Bibel:* vgl. Lukas 22,61 f., wo es heißt: »Und der Herr wandte sich um und sah Petrus an. […] Und Petrus ging hinaus und weinte bitterlich.«
S. 59 (447)	*Die Ballade vom angenehmen Leben:* Vorbild ist die Villon-Ballade »Les contredits de Franc Gontier« (Villon, S. 170 ff.), wobei Brecht mitunter wörtlich nach der Quelle zitiert. Im »Dreigroschenroman« (GW 13, 1030) finden sich zwei neue Strophen.
S. 65 (453)	*diese Airs:* (frz.) Haltung, Aussehen. – *Fetzen:* (süddt.) Schimpfwort für einen niederträchtigen Menschen.
S. 66 (454)	*Nero:* Nero (37-68) war als römischer Kaiser (54-68) berühmt für sein ausschweifendes Leben. Zugleich gilt seine Herrschaft heute als Topos für herrschaftliche Willkür und Grausamkeit.
S. 68 (456)	*Ramses der Zweite:* König von Ägypten (1290-1224 v. Chr.), berühmt vor allem als großer Bauherr, z. B. Luxor, Abu Simbel u. v. a.
S. 69 (456)	*Ninive:* Hauptstadt des antiken Assyrerreichs, die 612 v. Chr. von den Medern und Babyloniern zerstört wurde.
S. 69 (457)	*Semiramis:* griechischer Name für eine legendäre Königin von Assyrien, vermutlich Schammuramat (810-806 v. Chr.). Renaissance und Barock stellten sie als machtvolle und kluge Frau voller Leidenschaft ins Zentrum zahlreicher Dramen; ein Libretto wurde mehrmals vertont.
S. 70 (458)	*Der Mensch lebt nur von Missetat allein!:* verfremdetes Zitat aus Matthäus 4,4: »Der Mensch lebt nicht vom Brot allein«.
S. 73 (461)	*Suky Tawdry:* von Gay übernommener, sprechender Name, der auf »tawdry« = flitterhaft zurückgeht.
S. 74 (462)	*Buckingham-Palast:* 1703 für die Herzöge von Buckingham gebaut, dient das Gebäude seit 1837 dem englischen Königshaus als offizielle Stadtresidenz.
S. 77 (465)	*Das Lied von der Unzulänglichkeit […]:* vgl. Brechts »Beschwerdelied« (GW 8, 16 f.) aus dem Jahre 1916.
S. 79f. (467 f.)	*Salomon-Song:* Brecht greift hier auf Villons »Double ballade sur le mesme propos« (Villon, S. 106 ff.) zurück. Brecht selbst übernimmt seine Ballade für das Stück »Mutter Courage und ihre Kinder« (GW 4, 1425 ff.) und nennt den Song später »Die Ballade von den Prominenten«. – *Salomon:* biblischer König, auf den das »salomonische« Urteil als gerechtes und weises zurückgeht. Vgl. Brechts Kalendergeschichte »Der Augsburger Kreidekreis« (GW 11, 321 ff.).
S. 80 (468)	*Und sah, daß alles eitel war:* vgl. Prediger Salomo 1,2. – *Weisheit:* vgl. zu diesem Zentralbegriff in Brechts Poesie und Dramatik z. B. das Gedicht »An die Nachgeborenen« (GW 9, 722 ff.). – *Kleopatra:* von Cäsar eingesetzte Königin von Alexandria, die 36 v. Chr. Antonius heiratete und sich zusammen mit ihm 30 v. Chr. umbrachte. – *zwei Kaiser:* gemeint sind Kleopatras Geliebter Cäsar (48-44 v. Chr.) und ihr Gatte Antonius, dem sie einen Sohn gebar. – *Cäsar:* römischer Feldherr und Staatsmann (100-44 v. Chr.), dem Brecht neben einer Erzählung und zwei Filmskripten auch einen Roman »Die Geschäfte des Herrn Julius Caesar« widmete, der aber Fragment blieb (GW 14,

1169 ff.). – *Auch du, mein Sohn!:* Ausspruch Cäsars bei seiner Ermordung durch Brutus; vgl. auch Brechts Erzählung »Cäsar und sein Legionär« (GW 11, 344 ff.). – *Brecht:* Die Selbstbeschreibung schrieb Brecht für die »Dreigroschenoper«-Ausgabe 1938 im Londoner Malik-Verlag.

S. 81
(469)
Reichen Reichtum: vgl. auch das Motiv von der »Armen Armut« im Stück »Die heilige Johanna der Schlachthöfe« (GW 2, 696). – *aus dem Land gejagt:* vgl. die Brecht-Gedichte »Verjagt mit gutem Grund« (GW 9, 721 f.), »Sonett in der Emigration« (GW 10, 831) und »Als ich ins Exil gejagt wurde« (GW 8, 416). – *Kampf um das Eigentum:* Dieser bei der Uraufführung ganz gestrichenen Szene ging eine »Arie der Lucy« voraus, die als Gegenstück zum »Eifersuchtsduett« im II. Akt gedacht war (vgl. Mat II, 34 f.).

S. 85
(473)
ein bißchen fröhlich: An dieser Stelle sollte Frau Peachum in einer frühen Fassung ihrer Tochter eine Version des Songs »Denn wie man sich bettet, so liegt man« aus »Aufstieg und Fall der Stadt Mahagonny« vorsingen (vgl. GW Suppl. III, 216 f.).

S. 86
(474)
Westminsterglocken: Glocken der Westminster Abbey, seit dem 7. Jahrhundert Krönungs- und Grabeskirche der englischen Könige. – *Newgate:* seit dem Mittelalter größtes Gefängnis Londons.

S. 87
(475)
Nun hört die Stimme, die um Mitleid ruft: Vorbild für dieses Lied ist Villons »Epistre« (Villon, S. 246 ff.), wobei Brecht die Übersetzung Klammers wörtlich zitiert.

S. 88
(476)
Unzurechnungsfähigkeitsparagrafen: Übernahme aus Gays Stück, in welchem Filch die Rolle innehat, zum Tode verurteilte Frauen in Newgate zu schwängern, wodurch sie vor dem Strang bewahrt und meist nach Übersee deportiert wurden.

S. 94
(482)
Aserbaidshan: Landschaft und Provinz im nordwestlichen Persien sowie Unionsrepublik der ehemaligen UdSSR. – *Was ist ein Dietrich gegen eine Aktie?«:* Bei der Premiere am 31.8.1928 fehlte dieser Satz, denn Brecht übernahm ihn aus Elisabeth Hauptmanns Stück »Happy End«, das genau ein Jahr später Uraufführung hatte und wozu Brecht die Lyrik und Weill die Musik geschrieben hatten (Hauptmann 1977, S. 133). – *Ballade, in der Macheath jedermann Abbitte leistet:* Vorbilder sind Villons »L'Epitaphe Villon« (Villon, S. 264 ff.) und »Ballade par laquelle Villon crye mercy à chacun« (Villon, S. 212 ff.), die »Ballade, in der Villon jedermann Abbitte leistet« (Klammer 1907, S. 109 f.).

S. 98
(486)
Tale, das von Jammer schallt: Anspielung auf den christlichen Topos von der Welt als Jammertal, durch das der Mensch gehen muss, um in ein besseres Jenseits zu kommen (vgl. Psalm 84,7). Vgl. hierzu auch Brechts »Me-ti«-Geschichte; »Schädlich sein können solche, die gewisse Übel beklagen, ohne ihre abstellbaren Ursachen zu nennen« (GW 12, 450 f.).

S. 99
(486)
Aus: »*Anmerkungen zur ›Dreigroschenoper‹«:* Diese »Anmerkungen« schrieb Brecht 1931 zum Abdruck der »Dreigroschenoper« in den »Versuchen 8-10« und kennzeichnete sie als »neunten Versuch« »Über eine nichtaristotelische Dramatik«. Unterteilt sind die »Anmerkungen« in folgende Kapitel: »Das Lesen von Dramen«, »Titel und Tafeln«, »Die Hauptpersonen«, »Winke für Schauspieler«, »Über das Singen der Songs«, »Warum zwei Verhaftungen des Macheath und nicht eine?« und »Warum muß der reitende Bote reiten?«

S. 101 *François Villon:* Brecht schätzte den französischen Poeten F. Villon (1431-
(489) 1463) sehr, weshalb er mehrere Strophen seiner Gedichte in die »Dreigroschenoper« übernahm als auch Gedichte über ihn schrieb (vgl. Kap. 1.2). –
K.L. Ammers: eigentlich Karl Klammer (1879-1959), Übersetzer Villons, aus
dessen Band Brecht Verse für sein Stück übernahm (vgl. Kap. 1.2). Vgl. zu Biografie und Wirken Karl Klammers Grimm 1960, S. 20 ff.

S. 103 *Anhang:* Die abgedruckten Texte folgen den Bänden: Bertolt Brecht,
(491) Gedichte II, Frankfurt/M. 1960, S. 211 ff. und Gedichte VI, Frankfurt/M.
1964, S. 198 ff., wobei die Anmerkungen in Gedichte X, Frankfurt/M. 1976,
S. 135 ff., S. 170 ff., deren Entstehungsgeschichte und die verschiedenen
Druckfassungen nachweisen, ohne allerdings die einzelnen Veränderungen
detailliert aufzulisten. – *SA:* Abk. für Sturmabteilung, eine aus Ordnergrup-
pen der NSDAP hervorgegangene paramilitärische Organisation. – *Partei:*
gemeint ist die Nationalsozialistische Deutsche Arbeiterpartei (NSDAP). –
Westen und Osten: Anspielung auf die Okkupation zahlreicher europäischer
Staaten durch die deutsche Wehrmacht im Zweiten Weltkrieg.

S. 104 *die Wüste zu heiß:* indirekter Kommentar zu Feldmarschall Rommels Nord-
(492) afrika-Feldzug 1941-1943. – *Nordkap zu kalt:* Anspielung auf die Besetzung
Norwegens 1940 durch die deutsche Wehrmacht. – *Irreführer:* Brecht verfremdet hier die Selbstcharakteristik Adolf Hitlers als »Führer«.

S. 106 *Die Ballade vom angenehmen Leben der Hitlersatrapen:* Vom sechsstrophi-
(494) gen Abdruck im Band »Songs aus der Dreigroschenoper« (1949), S. 38 ff.,
fehlen hier Strophe 2 über »Ribbentropf« und Strophe 4 über »Streicher« (vgl.
GBA 2, 311 ff.). – *Hitlersatrapen:* Satrapen: pers. Statthalter, die vom Kaiser
in den Provinzen eingesetzt, dort uneingeschränkt herrschen; hier: Statthalter
in Hitlers Drittem Reich. – *süchtige Reichsmarschall:* Hermann Göring
(1893-1946), seit 1933 bis Kriegsende preußischer Ministerpräsident und ab
1935 Oberbefehlshaber der Luftwaffe, war morphiumsüchtig und pflegte einen pompösen Lebensstil; vgl. das Fotogramm Nr. 25 in Brechts »Kriegsfibel« (GBA 12, 179). – *Nürnberg:* Hermann Göring beging nach seinem To-
desurteil beim Nürnberger Prozess über die nazistischen Kriegsverbrechen
1946 Selbstmord. – *Schacht:* Hjalmar Schacht (1877-1970), Bankier und Poli-
tiker, war 1934-1937 Reichswirtschaftsminister und 1933-1939 Reichsbank-
präsident; danach bis 1943 Minister ohne Geschäftsbereich. – *Schragen:*
Holzgestell; hier: Galgen. – *Er weiß, sein Auge wird nicht ausgehackt:* im
Buchdruck 1949 lautete die Zeile: »Dabei war dieser Mann ein Demokrat«! –
La-Keitel: Wortspiel mit Lakai, als welchen Brecht hier den Generalfeldmar-
schall Wilhelm Keitel (1882-1946) charakterisiert, der 1938-1945 Chef des
Oberkommandos der deutschen Wehrmacht war. Am 8. Mai 1945 unter-
zeichnete er die bedingungslose Kapitulation Hitlerdeutschlands. Bei den
Nürnberger Prozessen 1946 wurde er zum Tode verurteilt und hingerichtet. –
Gefreiten: Gemeint ist Adolf Hitler, der im Ersten Weltkrieg Gefreiter war.

S. 107 *Lohengrin:* Hauptfigur und Titel einer Oper Richard Wagners (1813-1883),
(495) die 1850 in Weimar uraufgeführt wurde. – *Parzifal:* Richard Wagners letzte
Oper hatte 1882 in Bayreuth Premiere. – *Gral:* Motiv in Richard Wagners
Oper »Parzifal«. Vgl. Brechts Fotoepigramm Nr. 28 zur »Bayreuther Republik« in seiner »Kriegsfibel« (GBA 12, 185). – *Walhall:* in Wagners »Ring der
Nibelungen« Burg der Götter, die am Ende in der »Götterdämmerung« samt
den Göttern untergeht.

3 Struktur des Textes

Obwohl es von Brecht selbst eine kurze Fabelbeschreibung seiner *Dreigroschenoper* gibt, die hier als Zusammenfassung einer detaillierten Szenenbeschreibung und Strukturanalyse vorangestellt wird, sind Handlungsablauf und Figurenkonstellation doch weitaus komplizierter, als dass sie sich auf einer halben Programmheftseite adäquat wiedergeben ließen. Deshalb sollte Brechts Inhaltsangabe vor allem als »Kommentar in eigener Sache« gelesen werden:

»Die Dreigroschenoper«, in England durch zwei Jahrhunderte unter dem Titel »The Beggar's Opera« in allen englischen Theatern gespielt, führt in das Milieu von den Verbrechervorstädten Londons, Soho und Whitechapel, die vor zweihundert Jahren so wie heute die Zufluchtsstätte der ärmsten und nicht immer durchsichtigsten Schichten der Londoner Bevölkerung waren.

Herr Jonathan Peachum schlägt aus dem Elend auf seine originelle Weise Kapital, indem er gesunde Menschen künstlich zu Krüppeln herausstaffiert und sie betteln schickt, um aus dem Mitleid der wohlhabenden Stände seinen Profit zu ziehen. Er tut das keineswegs aus angeborener Schlechtigkeit. »Ich befinde mich auf der Welt in Notwehr«, das ist sein Grundsatz, der ihn in allen seinen Handlungen zur schärfsten Entschiedenheit zwingt. Er hat in der Londoner Verbrecherwelt nur einen ernsthaften Gegner, und das ist der junge, von den Dämchen vergötterte Gentleman Macheath. Dieser hat Peachums Tochter Polly entführt und auf eine ganz groteske Weise in einem Pferdestall geheiratet. Als Peachum von der Heirat seiner Tochter erfährt – die ihn nicht so sehr aus moralischen Gründen schmerzt wie aus sozialen –, beginnt er einen Krieg auf Tod und Leben mit Macheath und seiner Gaunerplatte, dessen Hin und Her den Inhalt der ›Dreigroschenoper‹ bildet. Aber schließlich wird Macheath in des Wortes wirklichster Bedeutung vom Galgen herab gerettet, und in einem großen, etwas parodistischen Opernschluß geht die ganze Affäre gut aus« (GW 17, 989).

Die *Dreigroschenoper* ist einer der wenigen Stücke Brechts, bei denen er trotz expliziter Hinweise auf sein »episches Theater« die klassisch gewordene Stückeinteilung in Akte übernimmt. Kann das »Dritte Dreigroschenfinale« als »Nachspiel« gelten, so findet sich eine symmetrische Dramenstruktur in Form eines Triptychons: Vorspiel, drei Akte, Nachspiel, oder: ein Vorspiel, neun Szenen und ein Nachspiel, d. h., die Zahl Drei bestimmt nicht nur den Titel des Stückes, sondern auch dessen Architektonik.

Zur besseren Orientierung folgt die Darstellung der Textstruktur der Szenen- und nicht der Akteinteilung. Brecht entwarf für jede Szene Tafeln bzw. Projektionen, auf denen ihr Inhalt vorweggenommen wurde, so dass sich der Theaterbesucher mehr auf das »Wie« als auf das »Was« konzentrieren konnte. Zugleich waren diese Texte auch während des Bühnengeschehens zu lesen, wodurch die gespielte Handlung stets auf den Grundgestus der Szene bezogen blieb.

Diese Tafeln sah Brecht als einen »primitiven Anlauf zur *Literarisierung des Theaters*« (GW 17, 992), der ihm wichtig war, um so die Zuschauer zu einer neuen Haltung im Theater zu bewegen. Das Publikum sollte nicht mehr »aus der Sache heraus« denken, sondern »über die Sache«. Dementsprechend lehnte Brecht »diese Manier« ab, »alles einer Idee unterzuordnen, die Sucht, den Zuschauer in eine einlinige Dynamik hineinzuhetzen, wo er nicht nach rechts und links, nach unten und oben schauen kann« (GW 17, 992).

Das Stück spielt im viktorianischen Zeitalter in London, benannt nach Königin Viktoria (1819-1901), sofern man die zahlreichen Hinweise auf die »Krönungsfeierlichkeiten« (S. 12, 68, 71, 86 u. ö.) auf die Krönung Viktorias 1837 bezieht. Die dramatische Zeit der »Dreigroschenoper« beträgt 3 Tage, von »Dienstagabend« (S. 41) – Pollys Heirat – bis »Freitagmorgen (S. 86) – Macheath' Hinrichtung. Dabei sind die einzelnen Szenen so verteilt, dass sie nicht allein die »Geschichte des Räubers Macheath« wiedergeben oder die »Geschäfte Herrn Peachums«; vielmehr hat jede Szene ihre Bedeutung für den »Krieg« (GW 17, 989) zwischen beiden.

Diese offene Szenenstruktur des Stückes ermöglicht dem Zuschauer, das Ganze in den einzelnen Teilen wiederzufinden, dazu Stellung zu beziehen und den subjektiven Horizont der Figuren zu überschreiten. Angestrebt ist so ein »komplexes Sehen«, ein überschauender, objektiver Blick, der die Widersprüche der dargestellten Realität, die Antagonismen zwischen Macheath und Peachum, zwischen den Eltern und ihrer Tochter, dem Chef der »Platte« und den einzelnen Mitgliedern ebenso erkennt wie die Zusammenhänge zwischen dem Geschäft mit dem Mitleid und jenem mit gestohlenen Waren, zwischen Liebe und Ökonomie und letztlich zwischen dem Theater auf den Straßen Londons und dem auf der Bühne sichtbaren Bühnengeschehen. Die Textstruktur wird vor allem unter diesen Gesichtspunkten zu untersuchen sein.

Vorspiel

»Die Moritat von Mackie Messer« – so der Szenentitel – stellt keine Exposition im Sinne des traditionellen Dramas dar; denn so wenig Brechts »*epische Dramatik, materialistisch eingestellt*, an Gefühlsinvestierungen ihres Zuschauers« interessiert ist, und »eigentlich kein Ziel, sondern nur ein Ende« (GW 17, 998) kennt, so wenig ist der Anfang nur im Fortgang der Handlung verständlich.

Umgekehrt: Die Bedeutung des Vorspiels liegt in ihm selbst, weshalb hier (fast) alle Figuren des Stückes zum ersten Mal auftreten. Dadurch ergibt sich bereits zu Beginn ein »Tableau« des Bühnenpersonals, wie es sonst dem Schlussbild vorbehalten bleibt. Dabei werden – wieder zeigt sich die Bedeutung der Zahl Drei – die drei wichtigen sozialen Gruppen des Stückes, Bettler, Diebe und Huren »in Aktion«, d. h. als handelnde Figuren vorgestellt.

Mit Ausnahme der Repräsentantenfiguren der Kirche, Pastor Kimball, und des Staates, Brown als »oberster Polizeichef von London«, Smith als Gefängniswärter und den Konstablern, werden alle anderen Personen im Vorspiel »gestisch« gezeigt: »Die Bettler betteln, die Diebe stehlen, die Huren huren. Ein Moritatensänger singt eine Moritat« (S. 7) – all dies auf einem Jahrmarkt in Soho.

Während die drei Gruppen durch ihren Gestus, d. h. ihr gesellschaftliches Verhältnis, die Szene beherrschen, erfährt der Zuschauer durch die *Moritat von Mackie Messer* von Toten und verschiedenen kriminellen Ereignissen, die in Verbindung mit Macheath gebracht werden. Im Gegensatz zu allen anderen Personen wird Mackie Messer als einzige Bühnenfigur namentlich vorgestellt, was darauf hinweist, dass er weder qua Augenschein noch anhand seines Verhaltens erkennbar ist. Wie im »Vorspiel« Jenny dem Publikum die Identität Macheath' alias Mackie Messer verrät, so verrät sie ihn im Verlauf des Stückes noch zweimal, insgesamt also dem Stück entsprechend: dreimal. Insofern verweist ihr Verhalten, vor allem im Kontext der *Moritat* und den darin erwähnten Untaten auf ein zentrales Thema der *Dreigroschenoper*: die Sichtbarkeit bzw. die Erkennbarkeit von Ereignissen und deren Bedeutung für die Akteure.

Daneben führt der inzwischen legendäre *Mackie-Messer-Song* auch in jene Problematik ein, die für das ganze Stück, vor allem aber für die Songs, bestimmend ist: die Diskrepanz zwischen den proklamierten ideellen Motiven und den realen, meist ökonomischen Gründen, die ein entsprechendes Handeln verhindern (vgl. S. 16, 35, 43, 51, 59, 77); kurzum: Die Schere zwischen ideologischem Kommentar und aktueller Praxis wird dem Handlungsgeschehen gegenübergestellt.

Szene 1

Das epische Theater benötigt keine Exposition, wodurch die vor der Handlung liegenden Ereignisse präsentiert werden müssten. Der Beginn ist absolut und lässt sich aus sich selbst verstehen; daher verweist der Anfang auf die Zukunft der Ereignisse und nicht auf die Vergangenheit. Peachums Eingangsworte nach seinem *Morgenchoral* »Es muß etwas Neues geschehen« (S. 9) betonen dies eindringlich, wie sie zugleich die zwei Ebenen des Stückes, Text und Song, vorstellen. Entscheidend ist dabei die wechselseitige Kommentierung und weniger eine bestimmte Reihenfolge. Deshalb gibt es sowohl Szenen wie die erste, in der zu Beginn und am Ende gesungen wird, als auch solche, in denen die Songs inmitten der Handlung stehen. Diese Dualität sollte auch bildhaft gezeigt werden, denn für Brecht ist eine Bühne für die *Dreigroschenoper*

»um so besser aufgebaut, je größer der Unterschied zwischen ihrem Aussehen beim Spiel und ihrem Aussehen beim Song ist. Die Berliner Aufführung (1928) stellte in den Hintergrund eine große Jahrmarktsorgel, in die auf Stufen die Jazzband eingebaut war und deren bunte Lampen aufglühten, wenn das Orchester arbeitete. Rechts und links von der Orgel waren zwei riesige Leinwandtafeln in roten Samtrahmen aufgestellt, auf welche die Neherschen Bilder projiziert wurden. Während der Songs standen auf ihnen groß die Song-Titel, und aus dem Schnürboden gingen Lampen nieder.« (GW 17, 1000)

Peachums Geschäft, vor allem dessen Organisation, steht im Mittelpunkt der ersten Szene. Obwohl Ladeninhaber, verkauft er darin keine Waren, sondern stattet seine Mitarbeiter mit der Kunst aus, »das menschliche Mitleid zu erwecken« (S. 9). Auf diese Weise erbetteln sie Geld von Straßenpassanten und teilen sich dieses mit Peachum, entsprechend den vertraglich festgelegten Prozentanteilen. Als Inhaber der Firma »Bettlers Freund« organisiert Peachum das Betteln professionell, indem er seine Angestellten »effektiv« einkleidet, wirksame Sprüche für die auswählt und ihnen die entsprechenden Verhaltensregeln zeigt. Mit zum Erfolg seines Geschäftes gehört es, mögliche Konkurrenz auszuschalten, was der Amateurbettler Filch am eigenen Leib erfährt. Erst bei Peachum lernt er durch dessen beispielhafte »Mitleids-Inszenierung«, was für das Bettlerhandwerk in London notwendig ist, welche Bettlertypen Peachums Firma ausstattet und welche Wirkungen damit zu erzielen sind. Nur schwer begreift Filch als ungelernter Bettler das Besondere an Peachums Erfolgsrezept, wonach man nie die eigene Geschichte darstellen solle und man selbst keinesfalls Mitleid haben dürfe. Peachums Demonstration gilt scheinbar nur Filch, doch zugleich zeigt sie auch den Zuschauern, wie Mitleid als gewünschte Reaktionsform hervorgerufen werden kann. Die Reaktionen Filchs sind ebenfalls beispielhaft für mögliche Reaktionen des Publikums, denn dieses kennt solche Verhaltensweisen wie »Furcht« und »Mitleid« aus der bisherigen Theaterpraxis.

Das Charakterbild, das Brecht hier von Peachum zeichnet – seine ebenfalls anwesende Frau spielt eigentlich nur die Rolle einer »Ehefrau« und Mitarbeiterin der Firma –, entspricht nicht dem gewöhnlichen Typus eines »Geizhalses« oder eines »schlechten Familienvaters«, wichtiger sind seine Vorstellungen über die Welt, weshalb Brecht in seiner Charakteristik der Hauptperson betont: »Sein Verbrechen besteht in seinem Weltbild« (GW 17, 993). Aus diesem, genauer: aus der Vorstellung Peachums, das Elend als Ware zu inszenieren, entwickelt Brecht das weitere Handlungsgeschehen. So wie die Bibel für Peachum nur als Mittel zum Zweck dient, so sieht er auch in seiner Tochter Polly nur deren Funktion für sein Geschäft. Pollys sinnliche Präsenz ist jene Eigenschaft, die er für sich allein beansprucht. Eine Heirat lehnt er weniger deshalb ab, weil er seine Tochter verlieren würde, sondern allein aus Geschäftsgründen: Zum einen fehlt ihm ihr Nutzen und zum anderen gönnt er diesen niemand anderem. Als Peachum nach und nach von seiner Frau die Details des neuen Verehrers erfährt – quasi Gestus pur: sein Name: »Capt'n«, sein Lieblingslokal: das Tintenfisch-Hotel, sein Kennzeichen: weiße Glacéhandschuhe –, wird ihm klar, dass er einen ernsthaften Gegner im Kampf um den »Besitz Polly« hat: Mackie Messer.

Die Art und Weise, wie Mackie Messer in dieser Szene dem Publikum vorgestellt wird, veranschaulicht zugleich ein allgemeines Gestaltungsprinzip Brechts in diesem Stück. Die Personen werden stets »von außen« gezeigt, ihre Charakteristik ergibt sich vor allem durch ihre Verhaltensweisen und Handlungen. Diese stehen im Mittelpunkt des Bühnengeschehens, und so erfahren wir erst im anschließenden *Anstatt-daß-Song*, was den Eltern das Verhalten ihrer Tochter gefühlsmäßig bedeutet. Im Dramentext hingegen tritt die Gefühlsebene hinter die Beschreibung der Ereignisse zurück.

Szene 2

Stellt die Eingangsszene Peachum und sein Geschäft vor, so steht die zweite ganz im Zeichen seines Widersachers Macheath; dabei schlägt die Frage nach dem Aufenthaltsort Pollys am Ende der ersten Szene geschickt die dramaturgische Brücke. Zu Beginn der 2. Szene tritt sie mit Macheath zusammen auf, wobei ihre Kleidung das Geschehen der letzten Nacht offenbart. In einem leeren Pferdestall feiert Macheath' Bande die Hochzeit des »Banditen Mackie Messer« mit Polly Peachum, wozu die einzelnen Mitglieder das gesamte Interieur sowie die entsprechenden Hochzeitsutensilien und -geschenke in Londons City zusammengestohlen haben. In dieser längsten Szene des ganzen Stückes erweist sich Macheath nach Brecht als eine typisch »bürgerliche Erscheinung«. Dementsprechend wünscht er sich ein stimmungsvolles Hochzeitsfest mit stilvollen Möbeln, während seine Mitarbeiter, die er konsequent »Dreckhaufen« (S. 24, 29) nennt, keinen Sinn dafür haben. Macheath' Anspruch und die Abneigung des »Geschäftsmanns Macheath gegen Blutvergießen, wo es nicht – zur Führung des Geschäftes – unbedingt nötig ist« (GW 17, 994) steht allerdings nicht nur dem Verhalten seiner »Platte« gegenüber, sondern auch Pollys wachsender Zufriedenheit mit der keineswegs alltäglichen Hochzeitsfeier.

Ähnlich der Charakteristik Peachums in der Eingangsszene wird Macheath hier durch sein Weltbild gekennzeichnet. Ganz die »bürgerliche Erscheinung«, die sich als gut situierter Mann zu benehmen weiß (»Wie ißt man Fisch«?, »Was ist Chippendale und was Louis Quatorze«?), gilt für ihn: »seine Rationalisierung ist Geschäftsprinzip« (GW 17, 994). Diese Handlungsmaxime bestimmt sein Verhalten im ganzen Stück. Insofern ist der Kontrast zu seinen Angestellten nicht allein für diese Szene, sondern für das ganze Stück kennzeichnend. Um seines Ansehens willen duldet er ebenso wenig Kommentare über seine verschiedenen Amouren, sei es zu Lucy, sei es zur Spelunken-Jenny, wie die Autonomie seiner Angestellten. Nachdem der Pfarrer mit dem *Hochzeitslied für ärmere Leute* begrüßt wurde und dies erneut Macheath' Ärger hervorruft – zu offensichtlich sind die Parallelen zu seiner eigenen Geschichte –, sorgt schließlich Polly mit ihrem Song *Die Seeräuber-Jenny* für die notwendige Stimmung. Ihren Liedvortrag inszeniert sie dabei ganz im Sinne eines Bühnenauftritts, indem sie detaillierte Szenenanweisungen gibt, bevor sie vom Alltag eines Abwaschmädchens singt und von dessen Traum vom »Schiff mit acht Segeln und mit fünfzig Kanonen«, das die ganze Stadt mit allen Einwohnern vernichtet, um dann mit ihr zu entschwinden (vgl. Kap. 1.5, S. 30 ff.).

Für Macheath als Geschäftsmann sind auch gute Beziehungen zur öffentlichen Ordnung elementar, »und dies nicht *nur* aus Gründen seiner eigenen Sicherheit – sein praktischer Sinn sagt ihm, dass seine eigene Sicherheit und die Sicherheit dieser Gesellschaft innigst verknüpft sind« (GW 17, 995). Deshalb erscheint auch Tiger Brown auf der Hochzeit seines Freundes. Wie eng die Beziehungen der beiden sind, demonstriert der gemeinsam gesungene *Kanonen-Song* über ihre Soldatenvergangenheit in Indien. Macheath' Beziehung als »einfacher Straßenräuber« zum höchsten Vertreter der Polizei resultiert allerdings nicht allein aus persönlichen Kontakten, sondern entspricht auch den geschäftlichen Interessen beider, wie sie die Schlussszene detailliert belegt. Sie informieren sich gegenseitig und teilen sich am Ende die Gewinne ihrer Arbeit. Ohne diese Sicherheit von Seiten der Polizeibehörden hätte Macheath nicht geheiratet. Dennoch vergewissert es sich bei Tiger Brown seiner weißen Weste, so dass im Falle einer Anzeige seines Schwiegervaters nichts gegen ihn vorliegt. Zum Abschluss der Hochzeitsfeierlichkeiten vollendet die Platte ihr inszeniertes »Theater«, das die ganze Szene durchzieht: vom Aufbau der Hochzeitsbühne über die misslungenen Gratulationsreden sowie das »theatralische Ereignis« (S. 100) des Hochzeitsessens, bei dem die »Fleischlichkeit« der Braut ihren Höhepunkt erreicht, sie von allen begehrt wird und der Bräutigam schließlich »das Rennen macht«, bis hin zum vulgären Liedvortrag. Feierlich umhüllt sie am Ende der Szene das Ehebett, vor dem Macheath und Polly sich ihrer Liebe versichern. Gerade dadurch erweist sich Macheath, ähnlich Peachum, nicht nur als »Berufstier«, sondern auch als Mann mit Gefühl. Seine Worte: »Und jetzt muß das Gefühl auf seine Rechnung kommen« (S. 34) veranschaulichen aber recht deutlich, wie sehr er Emotionen funktionalisiert und was letztlich sein Verhalten bestimmt: die berechenbaren und die sich rechnenden Handlungen – Gewohnheiten und Geschäfte. Die Parallelisierung Macheath – Peachum ergibt sich nicht nur aus ihrer ähnlichen Funktion als »Chef« der jeweiligen »Platte«, sondern auch durch den jeweils demonstrativen Gegensatz ihren Angestellten gegenüber. So ermahnt Macheath wiederholt seine Freunde, etwas zu lernen (S. 29, 32).

Szene 3

Am nächsten Morgen kehrt Polly von der Hochzeitsfeier direkt nach Hause zurück und berichtet durch »ein kleines Lied« (den sog. *Barbara-Song*) von ihrer vollzogenen Heirat mit dem »Räuber Macheath«. Frau und

Herr Peachum geraten außer sich: Eine Liebesheirat ist für sie unvorstellbar. Allein der ökonomische Nutzen ihrer Tochter zählt und dieser ist durch die vollzogene Ehe nicht mehr gewährleistet; Nutznießer der neuen Situation ist allein Pollys Ehemann.

Aber nicht nur die Tochter bereitet ihnen geschäftliche Schwierigkeiten. Auch die angestellten Bettler beschweren sich über Unzulänglichkeiten ihrer Ausstattung, woraufhin Herr Peachum diese überprüft, erneuert und einmal mehr sein besonderes Geschäft mittels der Theatermetaphorik betont: Statt Bettler beschäftigt er »Künstler« und deren »Engagement« hängt stets davon ab, ob sie Passanten als »Publikum« zu erschüttern vermögen oder ihnen nur auf die Nerven fallen. Diese Beschwerdeszene ist Brecht weniger wegen der Fortführung der Handlung wichtig als vielmehr wegen der schauspielerischen Darstellung eines Vorgangs. Er sollte so interessant gezeigt werden, dass Zuschauer nur dieser Szene wegen das Theater aufsuchen. Zugleich wird an dieser Stelle auch deutlich, dass es im ganzen Stück weniger um eine Milieustudie geht, etwa im Sinne einer Präsentation des Bettler- oder Ganovenmilieus, als vielmehr um das Sichtbarmachen der Arbeit des Bettelns oder Stehlens.

Wenn sich an diesem Punkt im Hause Peachum die Familien- mit den Geschäftsproblemen verbinden, so wird dadurch klar, dass es in der *Dreigroschenoper* keine einlinige Handlungsführung gibt, sondern ein dramaturgisches Netz von geschäftlichen Beziehungen, dessen Ordnung sich mit Pollys Heirat aufzulösen beginnt.

Unterdessen versucht Polly ihre Eltern von den Qualitäten ihres Ehemannes Macheath zu überzeugen. Dabei soll die Darstellerin »dem Zuschauer über die Figur, die [sie] darzustellen hat, mehr erzählen« (S. 99) als in ihrer Rolle steht: Polly ist hier sowohl Macheath' Frau als auch noch Peachums Angestellte. Während Polly am Ideal der Liebe festhält, kalkulieren die Eltern bereits ganz praktisch: Mit einer Anzeige Macheath' und dessen Hinrichtung erhalten sie neben der Belohnung von 40 Pfund wieder eine ledige Tochter mit möglichem Erbe – und vor allem: eine funktionstüchtige Angestellte. Problem dabei ist allerdings, wie Macheath gefunden werden kann, denn Polly als »Idealistin« bestreitet, dass ihr Gatte sich bei Huren aufhält, und selbst bei einer Gefangennahme würde ihm der Polizeipräsident als sein guter Freund helfen. Herr Peachum lässt sich von Polly poetischer Schilderung dieser innigen Freundschaft zwischen Brown und dem »obersten Verbrecher« nicht beirren und hält an seinem Plan fest: Während seine Frau zu den Huren geht, erstattet er mit seiner Tochter Anzeige. Entscheidendes Motiv seines Handelns ist dabei die Erkenntnis – und diese prägt auch seinen Geschäftserfolg –, dass sich die »Gemeinheit der Welt« stets größer erweist als die bloße Vorstellung darüber.

Diesem Szenenende stellt Brecht das *Erste Dreigroschen-Finale* gegenüber. Darin versucht die vereinte Familie Peachum – vergessen sind die zuvor ausgetragenen Streitigkeiten – Antworten auf die zentralen Fragen zu finden, was des Menschen Glück auf dieser Erde sei, wie dieses zu erlangen wäre und zuletzt, was die Menschen daran hindert. Ihre Lösungen lauten simpel: Obwohl die Menschen alles tun, um glücklich zu werden, lassen die Verhältnisse dies nicht zu, denn – so der ständig wiederholte Leitspruch –: »Die Welt ist arm, der Mensch ist schlecht.«

So scheitern die Wünsche, die noch alle drei Familienmitglieder äußern (»Was ich möchte«, »Wie gern wär ich«, »wer wär's nicht gern«), an der schlechten Realität: Gegenüber dem Indikativ »Doch die Verhältnisse, sie sind nicht so« hat der Konjunktiv keine Chance.

Szene 4

Nachdem Polly mit ihrem Vater bei Tiger Brown war, informiert sie Macheath über die veränderte Lage. Angesichts der Drohung Peachums – die konkreten Details sind an dieser Stelle irrelevant, denn allein die Folgen sind entscheidend – kann der Polizeipräsident nichts mehr für seinen Freund tun, ansonsten würde er sich selbst gefährden. Gemäß der Maxime »Jeder ist sich selbst der Nächste« kann er Macheath nur zur Flucht raten. Zuvor gilt es jedoch, die Geschäfte zu regeln und hierzu erhält Polly als zukünftige Chefin genaueste Informationen. Bald lernt sie, wie Macheath »ökonomisch« zu denken, und demonstriert dies beispielhaft, indem sie Macheath rät, die Miete für ein nicht mehr benötigtes Zimmer zu sparen. An diesem Punkt erfährt der Zuschauer, was es heißt, mit dem Schauspieler nicht auf dem »Weg der Einfühlung« (S. 99) zu verkehren, denn sonst bliebe ihm dieses veränderte Verhalten Pollys unverständlich. Brechts epische Spielweise zeigt jedoch gerade den Zusammenhang beider Verhaltensweisen; d. h., der tugendhaften Polly der 2. Szene mit ihrer »jeder Berechnung ferne[n] Liebe« entspricht unter veränderten Bedingungen ihre »praktische Veranlagung, ohne welche die erstere [Liebe] gewöhnlicher Leichtsinn wäre« (S. 101).

Die neuen Verhältnisse beschleunigen den Prozess, den Macheath schon lange plante: den Einstieg ins Bankgeschäft. Dazu bedarf es zunächst der Liquidation seines bisherigen Geschäfts, was ihm allerdings gleich zweifach von Nutzen ist: Zum einen verdient er am Verrat seiner Mitarbeiter und zum anderen hätte er keinen Kontakt mehr zu diesem »Abschaum der Menschheit« (S. 47).

Wie wichtig Brecht in diesem Stück die Diskrepanz zwischen den Idealen der Personen und ihrem Handeln ist, d. h. zwischen angekündigtem und realem Bühnenverhalten, macht dieser Abschied Macheath' von Polly und seiner Platte sehr deutlich. Trotz verbaler Ablehnung begegnet er seinen Mitarbeitern in freundlichster Weise. Noch ist er nicht unabhängig von ihnen, und deshalb gilt es die besondere Situation entsprechend seinen bisherigen Maximen – die Polizei hat mit den Krönungsfeierlichkeiten alle

Hände voll zu tun – für das Geschäft zu nutzen. Die Ankündigung Macheath', die Leitung des Unternehmens für kurze Zeit seiner Frau zu übertragen, stößt zunächst auf Widerspruch, den Polly aber sofort durch ihr resolutes Auftreten beseitigt. Zugleich stellt Macheath vor seiner Abreise nochmals ein Grundprinzip seines Geschäftes klar: Alle Aktivitäten gehen auf sein Konto, auch wenn sie von Mitgliedern der Bande verübt werden. Eine Eigenständigkeit der Mitglieder kann er nicht dulden, vor allem nicht in dieser Situation. Gehorsam dem Chef gegenüber, bzw. jetzt der Chefin, lautet die Devise. Den verschiedenen Verhaltensweisen Macheath' und Pollys entspricht am Ende dieser kurzen Szene das Gemisch von Sprechweisen beim Abschied. Polly ahnt bereits das Ende, denn sie singt: »Hübsch, als es währte / Und nun ist's vorüber«.

In einem »Zwischenspiel«, fast könnte man auch von der echten Mitte des Stückes sprechen, klärt Frau Peachum nicht nur die Hure Jenny über die Macht der Gewohnheiten auf, die Macheath ins Bordell führt, sondern auch das Publikum über die Bedeutung der »sexuellen Hörigkeit«, der so viele Männer trotz bester Absicht zum Opfer fallen. Die Eigenschaft der Gewohnheiten Macheath', »die zu pflegen und mehren beinahe das Hauptziel seines eben bürgerlichen Lebens darstellt« (GW 17, 995), sind Brecht so wichtig, dass er diese bereits zitiert, noch ehe sie auf der Bühne zu sehen sind. Insofern könnte man das ganze Zwischenspiel auch als Kommentar zum weiteren Fortgang des Stückes verstehen, denn allein Macheath' gewohnter Verkehr mit den Damen von Turnbridge führt schließlich zur Verhaftung.

Szene 5

Während die Huren von Turnbridge ihrem Alltag nachgehen – ein durchaus bürgerliches Idyll, wo gebügelt und Mühle gespielt wird – und niemand mit Macheath' Auftritt rechnet, betritt dieser wie an jedem Donnerstag gemäß seinen Gewohnheiten das Bordell. Die Prostituierten sind nach Brecht »im ungestörten Besitz ihrer Produktionsmittel«, doch heißt dies nicht, dass sie frei wären. Im Gegenteil: Sie hängen von der Nachfrage ab, und diese regelt sich nicht zuletzt durch Bedürfnisse und Gewohnheiten, deren Bedeutung Macheath beispielhaft demonstriert. Für ihn hat sich durch die Anklageschrift ebenso wenig geändert wie durch seine Ehe, und so lässt er sich ohne Zögern von Jenny aus der Hand lesen. Sie prophezeit ihm, durch die List einer Frau mit dem Anfangsbuchstaben J Schwierigkeiten zu bekommen. Macheath schlägt die Warnung in den Wind, denn als Geschäftsmann kann er sich nur Gefahr von Seiten seiner Frau Polly vorstellen. Nach einem kurzen Gespräch über das Thema »Die Wäsche im Bordell und ihre Wirkung«, das zum einen Macheath' früheren Beruf als Zuhälter deutlich werden lässt und zum anderen die früheren Berufsbeschreibungen, die des professionellen Bettlers durch Peachum und jene des professionellen Einbrechers durch Macheath, ergänzt, singt Macheath mit der *Zuhälterballade* das Loblied auf seine Vergangenheit als Jennys Zuhälter und auf ihr gemeinsames Glück. Für Brecht sollte diese Darstellung durchaus den Charakter des Komischen annehmen, »denn das Geschlechtsleben steht in einem Widerspruch zu dem gesellschaftlichen Leben, und dieser Widerspruch ist komisch, weil er historisch, d. h. durch eine andere Gesellschaftsordnung, lösbar ist« (S. 101). Noch während Macheath singt, winkt Jenny den Polizisten, um ihren früheren Geliebten festnehmen zu lassen. Seiner drohenden Verhaftung zu entkommen, springt er aus dem Fenster, doch davor steht bereits Frau Peachum, die ihren Schwiegersohn ins Gefängnis abführen lässt. Ihr Auftritt in dieser Szene unterstreicht abschließend die Richtigkeit ihrer Annahme, dass die Gewohnheiten charakteristisch für Macheath' Verhalten sind, weshalb er diesen ebenso wie seiner Sinnlichkeit folgend, das Bordell aufsuchte, anstatt, wie seiner Gattin versprochen, »hinter dem Moor von Highgate« zu sein.

Szene 6

Im Gefängnis wartet Tiger Brown bereits auf Macheath; insgeheim hatte er gehofft – und dadurch wird indirekt noch einmal die Bedeutung der Gewohnheiten betont –, sein Freund habe den Ratschlag zur Flucht beherzigt und sei entkommen. Da Brown als moderne Erscheinung gezeichnet wird, die »zwei Persönlichkeiten« in sich birgt – »als Privatmann ist er ganz anders als als Beamter« (GW 17, 996) –, kann er die Verhaftung seines Freundes nicht ertragen und beteuert ihm seine Unschuld, ohne dass Macheath ihm irgendwelche Vorwürfe macht. Nicht nur Peachum erweist sich in der *Dreigroschenoper* als Bibelkenner, sondern auch Macheath und nicht zuletzt der Autor Brecht, weshalb er die ganze Szene am Donnerstag spielen und Macheath seinen Freund mit einem »Trick […] aus der Bibel« (S. 58) bestrafen lässt. Auf diese Weise erkennt der Zuschauer wieder einmal die Gemeinsamkeiten der beiden Kontrahenten: Beide benützen die Bibel für ihre profanen Zwecke.

Auch im Gefängnis handelt Macheath als Geschäftsmann und kauft sich kurzerhand von den lästigen Handschellen frei. Mit Geld lässt sich allerdings sein anderes Problem nicht lösen: Das Verhältnis mit Lucy, Tiger Browns Tochter, ist nicht länger zu leugnen. Angesichts eher düsterer Zukunftsperspektiven bleibt Macheath nur die Klage darüber, wie Wunsch und Realität auseinander fallen. Die *Ballade vom angenehmen Leben* ermöglicht es ihm, aus der Handlung zu treten und die Tage des Wohlstands zu beschwören, in denen man noch angenehm leben konnte. Sein Leben als Gefangener macht die Diskrepanz zu solchen Vorstellungen umso deutlicher.

Hatte die letzte Szene bereits das Geschlechtliche in seiner Komik gezeichnet, so folgt auch das *Eifersuchtsduett* diesem Darstellungsprinzip. Beide Frauen, Lucy und Polly, streiten um Macheath als Ehemann; beide beanspruchen seine Liebe, und jede widerspricht der anderen. Erst Macheath' geheime Taktik, mit Lucys Hilfe zu entkommen, sowie deren gespielte »Schwangerschaft« als auch letztlich der energische Auftritt von Pollys Mutter beenden die Streitigkeiten der beiden Frauen, so dass sich Macheath' Plan einfach realisieren lässt.

Durch diese zweite Flucht, die Macheath wieder mit Hilfe einer Frau gelingt, macht Brecht deutlich, welche Faszination Macheath auf Frauen ausübt und wie sehr diese dem Ideal der »reinen Liebe« verfallen, das ihnen Macheath stets verspricht. Zugleich inszeniert er mit dieser Flucht eine zweite Verhaftung, die, »aus dem Gesichtswinkel der deutschen Pseudoklassik betrachtet, ein *Umweg*« (GW 17, 997) ist, für Brecht hingegen ein weiteres Beispiel seiner epischen Form. Auf diese Weise wird die Erwartung des Zuschauers von Macheath' Ende zunächst düpiert, oder allgemein gesprochen: Nicht so sehr das bestimmte Ziel soll für den Zuschauer im Vordergrund stehen als vielmehr der Verlauf, der in keiner Weise zwangsläufig sein soll. Stets sind andere Darstellungs- und Handlungsmöglichkeiten denk- und darstellbar.

Kommt die zweite Flucht auch unerwartet, so freut sie gleichwohl Brown. Allerdings dauert seine Freude nicht lange, denn Peachums Auftritt erinnert ihn daran, welchen Grundkonflikt es im ganzen Stück durch Macheath' Heirat mit Polly Peachum zu lösen gilt. Auch der Zuschauer ist mittlerweile gespannt, wohin Macheath diesmal flieht. Hatte Peachum vor der ersten Verhaftung noch gute Gründe, Macheath bei den Huren zu vermuten, zweifelt nun auch er an dessen Gewohnheiten. Deshalb konzentriert er sich nun auf die eigenen Möglichkeiten und droht Tiger Brown damit, die Krönungsfeierlichkeiten durch einen Auftritt seiner Bettlermassen zu stören. Wie schon in der Eingangsszene erweist sich Peachum dabei als geschickter »Regisseur«, denn auch gegenüber Brown setzt er auf die Wirkung seiner historischen Erzählung von einer katastrophalen Krönungsfeierlichkeit. Zum Abschluss des zweiten Aktes versuchen Macheath und Jenny im *Zweiten Dreigroschen-Finale* die Frage zu klären, wovon der Mensch denn lebe. Ihre einfache Antwort: »Der Mensch lebt nur von Missetat allein!« sieht aber menschliche Schlechtigkeit nicht als anthropologische Konstante, sondern vielmehr als Resultat der gesellschaftlichen Verhältnisse. Diese sind gekennzeichnet durch die Tatsache, dass erst das Fressen kommt und danach die Moral. Diesen Song findet der Zuschauer durch das bisherige Bühnengeschehen zweifellos bestätigt, doch kommt dieser Erkenntnis umso mehr Wert zu, wenn man sie vom Ende her betrachtet. Denn durch den reitenden Boten und Macheath' Rettung wird genau das Gegenteil auf der Bühne gezeigt, so dass die Theatralik des Bühnenendes besonders hervorgehoben wird.

Szene 7

Peachum agiert in dieser Szene weit weniger, als dass er auf die durch Macheath' Flucht entstandene neue Situation reagiert. Seine Bettler sind ihm nun das geeignete Mittel, das Elend in seiner wahren Größe zu inszenieren, um so die Feierlichkeiten des Krönungszugs als Fest der Freude zu stören. Unterdessen fordert Jenny ganz im Sinne der zuvor besungenen Bedeutung der materiellen Verhältnisse von Frau Peachum das Honorar für ihre Hilfe, Macheath zu fassen. So schnell wie auch andere Figuren in Brechts Stück ihre Vorstellungen entsprechend den jeweiligen Handlungen ändern, so rasch verändert sich auch Jennys Meinung über Macheath. Auf die Nachricht, kein Geld zu bekommen, singt sie ein Hohelied auf ihn als »letzten Gentleman in London«. Dabei erwähnt sie noch einmal seine Gewohnheiten, so dass Peachum nun wieder die Initiative ergreifen kann. Während er den Damen das Lösegeld verspricht, schickt er Filch zur Polizei, damit sie Macheath bei einer Hure festnehmen kann. Frau Peachum sieht in Macheath' erneutem Bordellbesuch einmal mehr den Beweis für die Bedeutung der sexuellen Hörigkeit, weshalb sie in diesem Zusammenhang die dritte Strophe der gleichnamigen Ballade singt.

In den Bettlergarderoben wird zur gleichen Zeit fieberhaft an den Schildern für die grandios inszenierte Elendsdemonstration gearbeitet; dabei motiviert Peachum seine Angestellten mit Hilfe seiner Theorie, dass die Besitzenden der Erde das Elend zwar verursachen, doch keineswegs hautnah sehen können. Wieder lässt der Autor, diesmal durch Peachum, auf die Schere zwischen der Realität und den Interpretationen der Realität hinweisen. Zugleich ist dieser kollektive Auftritt der Bettler nur die konsequente Funktionalisierung von Peachums bisheriger Geschäftspraxis auf einer neuen Ebene: der der Masse. Die Menschenmassen verhindern auch, dass Filch bis zur Polizei vordringt, weshalb eine Verhaftung Macheath' vorerst scheitert. Stattdessen wird die Polizei selbst aktiv und Brown lässt Peachums Geschäft durchsuchen mit der Absicht, durch Inhaftierung der Bettler die geplante Störung zu verhindern. In diesem Kontext entwickelt Peachum seine wahre Stärke, denn die Organisation des Elends ist in keiner Weise ein Verstoß gegen die Gesetze. Umgekehrt nutzt er nur die rechtliche Situation aus, da für ihn eindeutig feststeht: »Das Gesetz ist einzig und allein gemacht zur Ausbeutung derer, die es nicht verstehen oder die es aus nackter Not nicht befolgen können.« (S. 75) Als Beleg für seine persönliche Rechtstheorie singt er anschließend das *Lied von der Unzulänglichkeit menschlichen Strebens*, in welchem er die Diskrepanz zwischen Wünschen, Plänen und Hoffnungen auf Glück und der Realität betont. Wieder erweist er sich auch in dieser Szene als wahrer Kenner der realen Situation dadurch, dass er seinem Gegner Brown einerseits zu dessen Plan gratuliert, um ihn aber andererseits zu belehren, dass es sich hierbei nur um einen Wunsch handle, der in Wirklichkeit nicht zu realisieren sei. Die versammelten Bettler repräsentieren für Peachum allein die Jugend, die einen »kleinen Maskenball« veranstaltet. Mit solchen poetischen Umschreibungen, gepaart mit der exakten Beschreibung der Auswirkungen des realen Elends der vielen Armen mit Gesichtsrosen, gelingt es Peachum, Brown zu Macheath' erneuter Festnahme zu zwingen, wozu er ihm die Adresse gleich mitliefert.

Einschließlich des »Verrats« im Vorspiel lässt Brecht, als Bibelfreund, Macheath dreimal von Jenny verraten. Insofern ist es nur die bittere Konsequenz des Handlungsgeschehens, wenn Brecht den *Salomon-Song* von ihr singen lässt. Darin werden die nutzlosen Eigenschaften »Weisheit, Schönheit, Kühnheit, Wissensdurst, Sinnlichkeit« am Beispiel der historischen Figuren Salomon, Kleopatra, Cäsar, Brecht und Macheath vorgestellt. Alle diese so lobenswerten Tugenden nützen den entsprechenden Personen jedoch nichts, da die Realität solche idealen Verhaltensweisen verhindert. Einmal mehr unterstreicht Brecht damit den Grundtenor der *Dreigroschenoper*, wonach die gesellschaftlichen Verhältnisse für das Verhalten der Individuen verantwortlich sind. Dementsprechend gilt die Maxime: »Doch die Verhältnisse, sie sind nicht so«, wie sie sein müssten, damit die besagten Tugenden zu einem erfolgreichen Verhalten führen können.

Szene 8

Die kürzeste Szene des ganzen Stückes, prägnant im Szenentitel »Kampf um das Eigentum« zusammengefasst, zeigt ein Wortduell zwischen Lucy und Polly. In diesem geht es letztlich um die Unstimmigkeiten im »Benehmen« (S. 82 f.) aller drei Beteiligten gegenüber den Vorstellungen, wie man sich benehmen sollte. Die ganze Szene knüpft zum einen an das *Eifersuchtsduett* (S. 62) der 6. Szene an, zum anderen stellt sie ein retardierendes Moment im Handlungsablauf dar, quasi die »Ruhe vor dem Sturm« der kaum noch zu verhindernden Hinrichtung. Entsprechend ruhig unterhalten sich die beiden Frauen über ihr Verhältnis zu Macheath. Polly erzählt dabei indirekt die Vorgeschichte der *Dreigroschenoper*, d. h., sie berichtet über ihre erst zwölftägige Beziehung. Das ganze Gespräch führt Polly in einem Ton, der zwischen Ironie und Seriosität, Komik und Ernst pendelt; deshalb sah Brecht zu Recht die ganze Szene als »eine Einlage für solche Darstellerinnen der Polly, welche die Begabung der Komik besitzen« (S. 102). Durch ihre Vorstellung erfährt sie am Ende, dass Lucys Schwangerschaft nur vorgetäuscht war. Sie möchte nun Macheath verlassen, doch die neuen Verhältnisse machen dies überflüssig. Ihre Mutter bringt ihr bereits die Witwenkleider, denn Macheath wartet im Gefängnis auf seine Hinrichtung.

Szene 9

Macheath, der »Kämpfer«, und Herausforderer Peachums, ist am Ende; er hat den Kampf um Polly verloren und wird in die Todeszelle gebracht. Ein drittes Mal soll Macheath nicht entkommen, zumal auch Peachums Demonstrationszug bereits zum Gefängnis statt zum Krönungszug marschiert. Macheath' letzte Stunde bis zur Hinrichtung wird minutengenau dokumentiert, doch entsprechen die im Text genannten Zeitangaben keineswegs der Dauer des Bühnengeschehens. So inszeniert Brecht sein Spiel mit der Bühnenrealität im epischen Theater und mit der Vorstellung des Zuschauers von einer realistischen Darstellung auf der Bühne. Neben dieser Art von »Theaterdiskurs«, der mit dem »reitenden Boten«, als Zitat aus dem Aristotelischen Drama, am Ende der Szene abgeschlossen wird, kommt auch die Darstellung der materiellen Motive in der *Dreigroschenoper* zum Ende, aus denen sich letztlich alle Verhaltensweisen erklären. Deshalb kann sich Macheath auch noch zuversichtlich geben, denn gemäß seines bisherigen Geschäftserfolges setzt er auf die Macht des Geldes und versucht den Aufseher zu bestechen. Seine Rechnung könnte aufgehen, wenn es den Bandenmitgliedern gelänge, die nötige Geldsumme aufzutreiben. Die Gefängnissituation mit ihrem begrenzten Raum wollte Brecht zugleich zu einer Demonstration der verschiedenen Verhaltensweisen Macheath' nutzen: Anhand der unterschiedlichen Gangarten innerhalb der Zelle sollten Macheath' Rollen als Liebhaber, Gangsterboss etc. kurz wiederholt werden (vgl. S. 102).

Auch Polly besucht Macheath kurz vor seiner Hinrichtung, allerdings kann und will sie ihm nicht mehr helfen, denn als gute Geschäftsfrau – darin erweist sie sich als gelehrige Schülerin ihres Vaters *und* ihres Gatten – hat sie das Geld ordnungsgemäß an die Bank überwiesen. Als letzter der drei Besucher – wieder einmal die Zahl des Titels – erscheint Brown, der auch die Henkersmahlzeit bringt. Für Macheath ist allerdings jetzt nicht die Stunde von Sentimentalitäten, weshalb er im offiziellen Sie-Ton auf die schnelle Abwicklung ihrer geschäftlichen Zusammenarbeit drängt. Macheath schuldet Brown ein Drittel der Summe, die der Staat für die Ergreifung von Mördern dank Macheath' Bank zahlte. Für Brown gibt es ebenso wenig wie für den Gefängniswärter eine Möglichkeit, Macheath vor dem Tod zu retten. Die Hinrichtungszeremonie nimmt ihren Lauf, wobei es zum ersten Zusammentreffen der Personen kommt, deren Auseinandersetzung die gesamte Handlung bestimmt: Peachum sieht Macheath zum ersten Mal, und süffisant zitiert er noch einmal den Mythos »Mackie Messer«: weiße Glacéhandschuhe, Stock mit Elfenbeingriff, Narbe am Hals und das Tintenfischhotel. Auch alle anderen Figuren schwelgen in der Erinnerung an vergangene Tage, so dass es Macheath nicht schwer fällt, aufrechten Ganges zur Hinrichtung zu schreiten.

Konnte der Zuschauer bislang bereits Macheath als »bürgerliche Erscheinung« wahrnehmen, so charakterisiert sich Macheath zuletzt selbst als

»bürgerlichen Handwerker« (S. 94). Dabei sieht er sich als Vertreter eines untergehenden Standes, dessen Existenz angesichts der zunehmenden Geldkonzentration in den Händen der Banken marginal wird. In dieser Grundsatzrede fasst Macheath nicht nur seine Erkenntnisse über die gesellschaftlichen Verhältnisse zusammen, sondern er sieht sie auch durch sein Schicksal bestätigt. Der Verrat Jennys verwundert ihn keineswegs, denn auch sie folgt den Prinzipien des Gelderwerbs in dieser Welt. Nach diesen klaren und deutlichen Worten in Prosa, verabschiedet sich Macheath auch noch poetisch mit der *Ballade, in der Macheath jedermann Abbitte leistet*.

Wenn es in der *Dreigroschenoper* um die Darstellung der bürgerlichen Gesellschaft und deren Werte geht, gehört dazu auch die entsprechende »Weltanschauung«. Konnte man die Eingangsszene bereits als kleinen Diskurs darüber verstehen, veranschaulicht am Beispiel des Theaters, dessen Mittel Peachum für sein Geschäft mit dem Mitleid auf den Straßen Londons nutzt, so ist das Auftreten des »reitenden Boten« am Schluss *dieser* Szene ebenfalls Teil dieser Ideologiepräsentation. Insofern wird auf dem Theater nochmals eine Weltanschauung inszeniert, wodurch das »Bürgertum seine Welt dargestellt« sieht. Für eine solche Darstellung ist das Theatermittel eines »reitenden Boten« für Brecht »ganz unumgänglich«. Es ist Brechts Ironie, dass er ausgerechnet Peachum dem Publikum erklären lässt, warum sein Gegner begnadigt werden soll und weshalb in der Oper, ganz im Gegensatz zum realen Leben, einmal »Gnade vor Recht« ergeht. Dementsprechend verkündet im *Dritten Dreigroschen-Finale* der reitende Bote des Königs nicht nur die sofortige Freilassung Macheath', sondern auch dessen Erhebung in den Adelsstand durch die Königin.

Nach diesem wahrlich unerwarteten Happyend steht Pollys Glück und dem der ganzen Familie Peachum nichts mehr im Wege. Dennoch erinnert Peachum am Ende daran, dass die »reitenden Boten« sehr selten auftauchen. Deshalb plädiert er dafür, an die Ärmsten der Armen zu denken, letztlich seine Klientel, denn deren Ende ist im Gegensatz zu dem Macheath' in der Tat schlimm. Noch einmal erweist sich Peachum als wahrer Kenner der gesellschaftlichen Verhältnisse, insbesondere der Zusammenhänge zwischen theatralischen Inszenierungen von Ereignissen und diesen selbst – oder allgemeiner formuliert: Er kennt die Verbindungslinien zwischen dem bürgerlichen Weltbild und der bürgerlichen Welt.

Die *Dreigroschenoper* endet mit dem Gesang aller, das Unrecht nicht zu sehr zu verfolgen, denn es verschwinde bald »von selbst«. Eine letzte Utopie am Schluss macht deutlich, dass es sich bei dem Stück auch um jene Oper handelt, die »so prunkvoll gedacht war, wie nur Bettler sie erträumen«, und die dann »doch so billig sein sollte, daß Bettler sie bezahlen können« (Mat II, 35).

4   Gedanken und Probleme

Gemessen an der Vielzahl von *Dreigroschenoper*-Aufführungen seit 1928 erstaunt die geringe Zahl an detaillierten Einzelanalysen, die diesem Stück gelten. Die *Dreigroschenoper* kann sicher als bekanntestes Werk Brechts gelten und spielt dennoch in der Forschung nur eine marginale Rolle. Dabei zeigt sich innerhalb der Forschungsgeschichte sehr deutlich die Entwicklung weg vom komparatistischen Blick auf das Werk hin zu dessen detaillierter Untersuchung als originärem und zweifellos gelungenem Brecht-Stück. Lange Zeit bestimmte Ernst Schumachers Verdikt, Brecht habe nur bearbeitet und kein wirklich neues Stück geschrieben, die Interpretation. Auf Grund der Untersuchungsergebnisse Werner Hechts war jedoch bald Konsens über die Originalität der *Dreigroschenoper* erzielt, so dass die Erklärung der Besonderheiten dieses »Versuchs im epischen Theater« in den Vordergrund rückte. Die Antworten orientieren sich anfänglich noch stark an Brechts Erläuterungen, die er 1931 zur Publikation des Stückes schrieb (vgl. GW 17, 991 ff.), und machten diese oft zum Maßstab der Analyse. Insbesondere die plakative Formel »Räuber sind Bürger« und deren Umkehrung galt dabei als zentrale Maxime der Interpreten. Mit ihrer Konzentration auf das ökonomische Geschehen im Stück blieben sie noch stets der alten Gay-Fabel verpflichtet. Erst im Blick auf Brechts Theaterdiskurs und Kurt Weills Musik ließ sich das Neuartige in diesem epischen Drama zeigen.

Die Gliederung der folgenden Abschnitte greift diese skizzierten Forschungsschwerpunkte auf und ergänzte sie um die Fragen, welche Charaktere in diesem Stück agieren, welche Personenkonstellationen sich daraus ergeben und zu welchen Abhängigkeiten dies letztlich führt. Ohne gleich die ganze *Dreigroschenoper* als ein Werk des Musikers Kurt Weill zu reklamieren, soll daneben die Gattungsproblematik im Blick auf die Bedeutung der Musik für das Stück thematisiert werden, ein Diskussionspunkt, der sich nicht zuletzt auch des Titels wegen immer wieder stellt. Im Anschluss an die Erörterung der zentralen Themen des Stückes (Originalität – Mitleidsinszenierung – Bühnenpersonal und die ökonomischen Beziehungen – Problematik Räuber = Bürger – Gattung) werden die »Folgen« der *Dreigroschenoper* vorgestellt, die den Kreis schließen; denn nunmehr gilt Brechts Stück als *das* Original, das aktualisiert und bearbeitet wird, darunter auch von Brecht selbst mit seinen verschiedenen Arbeiten zum *Dreigroschenkomplex*.

4.1   Original oder Kopie – Gay und Brecht

»Seine Bewunderer sprachen von Adaption und Bearbeitung, seine Gegner nannten diese Methode Plagiat, Piraterie, schamlosen Diebstahl. Er holte sich seine Vorlagen, wo er sie fand. Es kam ihm nicht darauf an, ob es sich um Größen der Vergangenheit oder um Zeitgenossen handelte, um Villon, Marlowe und Shakespeare – oder um Kipling, Gorki und Klabund. Zeit seines Lebens wehte um Brechts kurz geschorenen Kopf ein scharfer kritischer Wind. Kein Wunder, sagten die einen: Einem so einzigartigen Talent flicken kleinere Geister immer gern am Zeuge. Kein Wunder, sagten die andern, mit einem so gefährlichen Scharlatan muss man kurzen Prozess machen. Ein Freund aus alten Berliner Tagen hat mir kürzlich einmal gesagt:»Dass Brecht es nicht so genau nimmt mit dem geistigen Eigentum, das weiß doch jedes Kind. Natürlich klaut er – aber er klaut mit Genie, und darauf kommt es an.« (Mat I, 328)

Was Lotte Lenya 1955 prägnant auf den Punkt brachte, bestimmte und bestimmt noch immer die Diskussionen um die *Dreigroschenoper*. Denn zum einen lässt sich Brechts Stück mit den vielen Quellen und Gays Vorlage vergleichen (vgl. Kap. 1.2), zum anderen aber auch mit seinen späteren Versionen des»Dreigroschenstoffes« (vgl. Kap. 1.3, 4.5).

Seit Kerrs Angriff auf»Brechts Copyright« 1929 (s. o., S. 14) riss der Reigen um die Frage nach dem geistigen Eigentum Brechts an diesem Stück bis heute nicht ab. Dabei ist die Antwort fast nur von philologischem Interesse, denn dem Theaterbesucher fehlt meist die direkte Kenntnis der Vorlagen, dies umso mehr, als heute die Aufführungsgeschichte der *Dreigroschenoper* selbst die Wirkungen aktueller Inszenierungen weitaus stärker beeinflusst als Gays *Beggar's Opera*.

Vergleicht man diese mit der ersten Fassung der *Dreigroschenoper*, noch *Luden-Oper* genannt – Brechts spätere Umarbeitungen entfernen sich immer weiter von Gays Stück –, so zeigt sich, dass darin nur»insgesamt ungefähr 16 Seiten des 62 Seiten langen Textes von Gay übernommen waren, davon ungefähr 11 Seiten in wörtlicher Übersetzung. Das ergibt einen Anteil von ca. 26 %, also etwas mehr als ein Viertel (davon ca. 70 % fast wörtlich), während ca. drei Viertel des Textes von Brecht völlig neu geschaffen wurden.« (Fischetti 1971, S. 62 f.)

Zwar entwickelt sich die Fabel von Brechts *Dreigroschenoper* aus den Konsequenzen von Pollys Heirat für die Familie Peachum sowie dem Image Macheath' als »edlem Räuber« samt seinen Beziehungen zum käuflichen Teil der Damenwelt, doch die einzelnen Figuren erhalten gegenüber der Gay-Vorlage stets eine neue und der »Dreigroschenwelt« entsprechende Charakteristik. Vor allem ändern sich die Tätigkeiten der Figuren und dadurch auch ihre Beziehungen zueinander. Aus dem Hehler und Gangsterchef Peachum bei Gay macht Brecht den eher seriösen »Geschäftsmann J. Peachum« (S. 9); und aus dem von Peachum fast vollständig abhängigen Macheath, der bei Gay für den Vertrieb der gestohlenen Waren zuständig ist, wird in der *Dreigroschenoper* ebenfalls ein selbstständiger Geschäftsmann, der mit seinen Leuten auf eigene Rechnung arbeitet. Deshalb spricht Brecht in seiner Personenbeschreibung jeweils vom Chef einer »Platte«.

Entscheidend für Brechts Umarbeitung ist vor allem die völlig neuartige Inszenierung des Bettlergeschäftes durch Peachum, der nicht »in Moral«, sondern »von Moral« lebt. Durch den in Szene gesetzten Handlungsantrag der Mitleidskapitalisierung, d. h. der Inszenierung des moralischen Geschäftes in den Straßen Londons und der völligen Instrumentalisierung eines alten Theatermittels für ökonomische Zwecke, entwickelt Brecht ein genuin neues Motiv, das er neben Gays zentrales Thema der Kämpfe zwischen den einzelnen Diebesbanden stellt. Darüber hinaus entwirft Brecht die neue Figur eines Polizeichefs, die konsequent aus der Aufwertung der Rolle Macheath' folgt. So hat dieser und nicht mehr Peachum die guten Beziehungen zur Obrigkeit. Die Rolle »Lockit« ist zum Gefängniswärter Smith geschrumpft, und deshalb muss Peachum ganz und gar auf seine »Mittel« setzen: das Elend der Bettler und deren Demonstration des Elends.

Wie so oft bei der Methode des Vergleichs, verweist sie auch im Falle der *Dreigroschenoper* auf die Wert- und meist Vorurteile der Interpreten. Deshalb scheint die Einschätzung des Brecht'schen Stückes umso negativer auszufallen, je mehr Gays *Beggar's Opera* zum Modell und Maßstab wird. Wenn man z. B. wie Ernst Schumacher davon ausgeht, dass Brecht die Kritik Gays an zeitgeschichtlichen Personen bzw. Ereignissen oder die damalige Händelparodie hätte aktualisieren müssen, dann fällt der Kommentar zu Brechts Drama dementsprechend negativ aus: »Hinter den Gestalten der *Dreigroschenoper* sind dagegen keine Zeitgenossen zu erkennen (wie etwa Walpole hinter Peachum und Lockit bei Gay.) […] Brecht aktualisierte die *Beggar's Opera* nur schematisch, nicht dialektisch. Eine dialektische Bearbeitung hätte hinter einer sich völlig anders darstellenden ›Unterwelt‹ bestimmte Typen der herrschenden Klassen sichtbar werden lassen müssen.« (Schumacher 1955, S. 231 f.) Hingegen war es Brechts erklärtes Ziel, in seiner Dramatik gerade keine Abziehbilder der Realität zu zeigen, sondern vielmehr deren allgemeines Prinzip. Daneben waren die gesellschaftlichen Verhältnisse der Zwanzigerjahre auch nicht mehr so offensichtlich personenbezogen darzustellen wie noch etwa 200 Jahre zuvor, und Brecht wollte nicht zuletzt mit seinen epischen Stücken das Einfühlen des Zuschauers in individuelle Schicksale zu Gunsten der distanzierten Betrachtung der Inszenierung eines Weltbildes verabschieden.

Deshalb konnte Werner Hecht die Gegensätze Gay/Brecht in der plakativen Formel zusammenfassen: »1728: Verkleidet Kritik an offenen Missständen« – »1928: Offene Kritik an verkleideten Missständen« (Hecht 1972, S. 84 f.). Um diese Differenz der historischen Situation und ihrer unterschiedlichen Darstellung zu erkennen, muss allerdings die Vorstellung aufgegeben werden, einen bereits gestalteten Stoff zu übernehmen sei ein Zeichen mangelnder Erfindungsgabe oder fehlender Schöpferkraft, wie die Kritiker Brechts glauben. Dagegen ist zu betonen, dass gerade die kritische Auseinandersetzung mit einem historischen Stoff Brecht zu seinem neuen Stück führte. Aus der anfänglichen Bearbeitung der *Beggar's Opera* wurde schließlich die Neugestaltung in Form der *Dreigroschenoper*.

Für Brecht war das Thema Original oder Kopie bzw. die Frage, was »echt« und was »gefälscht« sei, stets nur ein »Streit um den Besitztitel« (GW 18, 101), und dieser galt ihm als »das beliebte Geduldspiel der Bourgeoisie« (GW 18, 101). An diesem wollte er keineswegs teilnehmen, weshalb er sich bis auf die wenigen Zeilen seiner »Erklärung« (GW 18, 100) nicht an der Auseinandersetzung um den Vorwurf des Plagiats beteiligte (s. o., S. 14). Originalität war für Brecht nicht das entscheidende Ziel seiner Theaterarbeit. Deswegen bearbeitete er gerne bereits vorhandene Werke entsprechend seinen Absichten einer zeitgemäßen Darstellung der Wirklichkeit und den allgemeinen Prinzipien des epischen Theaters und produzierte und schrieb meist im Kollektiv, so dass die Zusammenarbeit mit mehreren Künstlern für seine Art literarischer Produktion konstitutiv wurde. Aus der dramaturgischen Notwendigkeit seines neuen Theaterstils, auch Musik im Drama zu verwenden, ist deshalb nicht der Schluss zu ziehen, *diese* sei für die Originalität des Stückes verantwortlich, wie es die neueste Variante im erwähnten »Streit um den Besitztitel« nahe legt, die den Musiker Weill gegen den Stückeschreiber ausspielt (vgl. Hinton 1990, S. xii).

Zunächst interessierten Brecht an Gays Stück die eher ungewöhnlichen Milieus (Gangster, Bettler, Huren) sowie das dort praktizierte Verhalten, das sich ausschließlich an Geschäftsinteressen orientiert, wie es die Hure Jenny stellvertretend für alle betont: »I never go to the tavern with an man but in the view of business.« (Gay, S. 50)

Zusammenfassend lässt sich festhalten: Gays *Beggar's Opera* war für Brecht *Material* und nicht Vorbild. Er plante keineswegs die Bettleroper zeitgemäß umzuschreiben, sondern er wollte ein anderes Stück, ein *neues* daraus machen. Interesse fand er an Gays Stück, weil hier zum einen »Theater im Theater« gespielt wird und zum anderen auf Grund einer Fabelführung, die das Handeln nicht aus den individuellen Charakteren, sondern aus einem allgemeinen Verhältnis, den wechselseitigen Geldbeziehungen und den daraus abgeleiteten Abhängigkeiten, entwickelt. Programmatisch fasst dies Peachum in seinem Eingangsmonolog zusammen:

»Through *all* the employments of life,
Each neighbor abuses his brother;
Whore and rogue, they call husband and wife;
All professions be-rogue one another.
The priest calls the lawyer a cheat;
The lawyer be-knaves the divine;
And the statesman, because he's so great,
Thinks his trade as honest as mine.« (Gay, S. 7, Hervorhebungen D.W.)

So wurde die *Dreigroschenoper* weniger »unter der Hand ein anderes Stück« (Hecht 1972, S. 96), sondern sie wurde bewusst als solches konzipiert. Originell ist Brechts Stück vor allem durch die Inszenierung jenes Geschäftes, mit dem Peachum sein Geld verdient, sowie durch all die epischen Szenen, darunter vor allem die Musterszene mit Pollys *Song der Seeräuber-*

Jenny (vgl. Kap. 1.5). Übernimmt Brecht zwar noch die sprechenden Namen aus Gays Stück (z. B. Peachum, Filch – Münz-Matthias, Hakenfinger-Jakob), so sind die Figuren selbst bereits mehr als nur Nachbildungen. Das neue Stück Brechts inszeniert das alte aristotelische Theater, indem Peachum alle Register einer Mitleidsdramaturgie zieht, um in den Straßen Londons »Theater zu spielen«. Auf diese Weise stellt Brechts »Versuch im epischen Theater« das alte Theater mit seiner Inszenierung des Mitleids aus. Die *Dreigroschenoper* zitiert die alte Theatervorstellung innerhalb der neuen epischen und erweist sich somit auch als ein Theaterdiskurs.

4.2 »Die Dreigroschenoper« – ein Theaterdiskurs

Bei theoretischen Überlegungen zu seiner Theaterpraxis wies Brecht immer wieder auf seinen ersten »Versuch im epischen Theater« hin, als den er die *Dreigroschenoper* 1931 im Erstdruck charakterisierte. 1935 betonte er in einer Art Rückblick und im Kontext anderer Stücke: »Die Aufführung der ›Dreigroschenoper‹ 1928 war die erfolgreichste Demonstration des epischen Theaters.« (GW 15, 473) Die *Dreigroschenoper* diente ihm später im Exil auch dazu, in seiner »Kleine[n] Liste der beliebtesten, landläufigsten und banalsten Irrtümer über das epische Theater« die falsche Vorstellung zu widerlegen, dieses sei eine »*ausgeklügelte, abstrakte, intellektualistische Theorie, die nichts mit dem wirklichen Leben zu tun hat*«, denn

»in Wirklichkeit ist sie entstanden in und verbunden mit langjähriger Praxis. Die Stücke, auf denen sie beruht, sind in vielen deutschen, eines, ›Die Dreigroschenoper‹, ist in fast allen Großstädten der Welt gelaufen. Zitate daraus dienten als headlines politischer Leitartikel, wurden benutzt von berühmten Anwälten in Plädoyers.« (GW 15, 276)

Weit davon entfernt, erst in den späten Stücken den Höhepunkt seiner Arbeit zu sehen, hält Brecht 1947 retrospektiv fest: »In der zweiten Hälfte der zwanziger Jahre jedoch gewannen die alten reaktionären militaristischen Kräfte wieder Boden. Ich war damals auf der Höhe meiner Laufbahn als Stückeschreiber, mein Stück ›Die Dreigroschenoper‹ wurde über ganz Europa hin aufgeführt.« (GW 20, 303)

Angesichts des Theatererfolgs 1928 unterstreicht Brecht vor allem die Novität seines Stückes innerhalb der zeitgenössischen Theaterproduktion:

»Diese Saison beweist die Wirkung Piscators. Vom Theater aus betrachtet, hat Piscator weniger (wie angenommen wurde) die Formfrage (Technik des Theaters) zur Diskussion gestellt als vielmehr die Stofffrage. Er ist damit durchgedrungen. Die mittleren Theater haben sich auf Stoffe geworfen (›Verbrecher‹, ›Revolte‹, ›Ton in des Töpfers Hand‹). Es gab zwei Ausnahmen: ›Die Dreigroschenoper‹ und ›Ödipus‹. Hier wurde zweimal die Formfrage angeschnitten.« (GW§ 15, 184)

Für Brecht stellte die *Dreigroschenoper* somit das *Modell* für sein episches Theater dar. Als Brecht Gays *Beggar's Opera* las, faszinierte ihn auch Gays besondere Darbietungsform, in welcher die Oper als »Bettlerpoesie« vorgestellt und als solche im Theater inszeniert wird. Entsprechend betont er in seinen *Anmerkungen zur »Dreigroschenoper«*:

> »›Die Dreigroschenoper‹ befaßt sich mit den bürgerlichen Vorstellungen nicht nur als Inhalt, indem sie diese darstellt, sondern auch durch die Art, wie sie sie darstellt. Sie ist eine Art Referat über das, was der Zuschauer im Theater vom Leben zu sehen wünscht.« (GW 17, 991)

Seiner Maxime gemäß, Inhalte nicht einfach zu proklamieren, sondern diese stets in Szene zu setzen und damit sichtbar zu machen, lässt Brecht das Vorspiel Gays – Autor und Schauspieler unterhalten sich über Art und Zweck des Stückes – weg und fügt das Thema stattdessen in die Handlung des ganzen Stückes ein, vor allem durch die verschiedenen Theaterszenen: z. B. Peachums Mitleidsdemonstration (S. 12 f.) – Hoachzeitsszene (S. 17 f.) – Inszenierung der Hinrichtung mit Happyend (S. 96 ff.). Zugleich streicht Brecht aus seiner Erstfassung *Die Luden-Oper* jene Schlussszene, in der die Schauspieler ähnlich wie bei Gay (S. 108 f.) über das mögliche Ende des Stückes diskutieren (vgl. Mat. II, 17 ff.).

Außerhalb der Fabel stehende Figuren haben in Brechts *Dreigroschenoper* keine Funktion mehr. Die Schauspieler und der Autor, die realen Produzenten des Theaterstückes, haben die Bühne verlassen, ganz im Sinne jener Theatervorstellung Brechts, der zufolge die Arbeit der Schauspieler in den Vorgängen zwischen den gespielten Personen aufgehoben ist:

> »Das große Unternehmen des Theaters ist die *Fabel*, die Gesamtkomposition aller gestischen Vorgänge, enthaltend die Mitteilung und Impulse, die das Vergnügen des Publikums nunmehr ausmachen sollen.« (GW 16, 693)

Mit dem Auszug des Autors und des Schauspielers wird die *Dreigroschenoper* nicht zum Stück im Stück à la *Beggar's Opera*. Brechts Stück präsentiert auch nicht mehr nur einen Stoff, sondern vor allem Formen, in und mit denen als »Stoff« gespielt wird. Es enthält neben der Fabel, die sich in vermittelter Weise an Gay anlehnt, zugleich einen spielerischen Diskurs über Darstellungsweisen. Somit erweist sich Brechts Stück als medienästhetischer Versuch, d. h. als ein Stück über das Medium Theater, das sowohl die Form als auch den Inhalt bestimmt (vgl. Wöhrle 1988, S. 11 f.).

Notwendig wird dazu allerdings eine Änderung der Fabel, die eine »theatralische Darbietungsform« in den Mittelpunkt der Handlung rückt. Brechts *Dreigroschenoper* setzt den Titel von Gays Oper dramaturgisch so um, dass aus *The Beggar's Opera*, die bei Gay ursprünglich von Bettlern aufgeführt wurde, jetzt eine Oper entsteht, welche die Arbeit der Bettler zeigt. Damit dieser neue Inhalt nicht in Gegensatz zur alten Fabel gerät, dem Konflikt um Polly zwischen Peachum und Macheath, müssen allerdings beide Motive miteinander verbunden werden. Der Geschäftsmann Peachum, in dessen Laden »die Elendsten der Elenden jenes Aussehen erhielten, das zu den immer verstockteren Herzen sprach« (S. 9), stellt als theatralische Figur die Synthese beider Themen dar. Brechts Peachum lebt davon, theatralische Darbietungsformen in der Realität einzusetzen; er wird reich durch das warenförmig organisierte Angebot von Elend. Die klassische, aristotelische Theatervorstellung sprach dem Mitleid im Zusammenhang mit der Furcht eine reinigende Funktion der Leidenschaft zu. Solche »höheren Zwecke« fehlen in Peachums Dramaturgie. Nur als Mittel zum Zweck, und dieser besteht allein im Geldgewinn, hat das Mitleid seine Funktion. Damit »profaniert« der Geschäftsmann das Mitleid nicht nur dadurch, dass er es aus dem Theaterbereich in die Realität, von der ideellen in die materielle Sphäre verlegt, sondern vor allem durch den modifizierten Zweck. In Brechts *Dreigroschenoper* ist es Peachums Aufgabe, die klassische Theatervorstellung zu präsentieren, und zwar entsprechend der legendären Lessing-Maxime: »Der mitleidigste Mensch ist der beste Mensch.« (vgl. Hamburger 1985, S. 69 ff.) Peachums Eingangsworte weisen allerdings – und hier spricht der Theatertheoretiker Brecht – auf die Historizität dieser Form hin. Die veränderten Zeitverhältnisse legen eine neue Auffassung dieser menschlichen Haltung nahe: »PEACHUM *zum Publikum*: Es muß etwas Neues geschehen. Mein Geschäft ist zu schwierig, denn mein Geschäft ist es, das menschliche Mitleid zu erwecken.« (S. 9)

Für seine »Kapitalisierung des Mitleids«, für die Bettlerinszenierung auf den Straßen und nicht auf der Bühne, nutzt der »Regisseur« Peachum verschiedene Methoden. Dabei stößt er gleichwohl an Grenzen – analog dem Theater, das ebenfalls ständig neue Stücke produzieren muss:

»Es gibt einige wenige Dinge, die den Menschen erschüttern, einige wenige, aber das Schlimme ist, daß sie, mehrmals angewendet, schon nicht mehr wirken. Denn der Mensch hat die furchtbare [dies ein ironisches Wortspiel Brechts, D.W.] Fähigkeit, sich gleichsam nach eigenem Belieben gefühllos zu machen. So kommt es zum Beispiel, daß ein Mann, der einen anderen Mann mit einem Armstumpf an der Straßenecke stehen sieht, ihm wohl in seinem Schrecken [die Ergänzung zum vorigen Wortspiel, D.W.] das erste Mal zehn Pennies zu geben bereit ist, aber das zweite Mal nur mehr fünf Pennies, und sieht er ihn das dritte Mal, übergibt er ihn kaltblütig der Polizei.« (S. 9 f.)

Mit diesem Beginn macht Brecht an exponierter Stelle deutlich, worum es in der *Dreigroschenoper* vor allem geht: um die verschiedenartigen Inszenierungen von Mitleid, sei es in der Realität, sei es im Theater. Dabei stehen sich zwei Methoden gegenüber: die von Filch – Peachum nennt sie und deren Mittel abfällig »Kindergedicht« –, die davon ausgeht, das eigene Elend wahrheitsgetreu auszudrücken, und jene lang erprobte Geschäftsmethode Peachums. Deren einfache Grundprämisse lautet: *Künstlerische* Methoden sind notwendig und keine echten Biografien: »Weil einem niemand sein eigenes Elend glaubt, mein Sohn. Wenn du Bauchweh hast und du sagst es, dann berührt das nur widerlich.« (S. 13)

In dieser einleitenden Szene verkündet Peachum aber weniger ein theoretisches Geschäftsprogramm, sondern führt die »Grundtypen des Elends, die geeignet sind, das menschliche Herz zu rühren« (S. 12), selbst vor. Er *präsentiert* persönlich die verschiedenen Ausstattungen und damit jene

Schauspielweisen, die Mitleid zu erwecken suchen. Letztlich setzt der Mitleidspraktiker seine »Kunst« ein, um einerseits die Qualitäten verschiedener Darstellungsformen vorzustellen und andererseits die »erfolgreichste« zu begründen. Insofern entspricht Peachum in dieser Szene exakt jenem Schauspieler der »Straßenszene« aus dem *Messingkauf* – des »Grundmodell[s] einer Szene des epischen Theaters« (GW 16, 546), – von dem es heißt:

> »Kurz gesagt: der Schauspieler muß Demonstrant bleiben; er muß den Demonstrierten als eine fremde Person wiedergeben, er darf bei seiner Darstellung nicht das, ›er tat das, *er* sagt das‹ auslöschen. Er darf es nicht zur *restlosen Verwandlung* in die demonstrierte Person kommen lassen.« (GW 16, 553)

Um die Differenz der beiden Darstellungsweisen besonders hervorzuheben, wird neben der detaillierten Demonstration auch zugleich deren Wirkung auf Filch an diesem selbst vorgeführt. Filchs Reaktion – die gewünschte des Publikums – ist für den Darsteller des Bettlers selbst völlig ungeeignet, weshalb der Regisseur Peachum laut brüllt: »*Er hat Mitleid!* Sie werden in einem Menschenleben kein Bettler! So was taugt höchstens zum Passanten!« (S. 13) Für Peachum muss ein Bettler also die doppelte Darstellungs*kunst* beherrschen, selbst kein Mitleid zu haben, um umgekehrt dieses in höchstem Maße erzeugen zu können, wie er später einen Bettler belehrt:

> »Zwischen ›erschüttern‹ und ›auf die Nerven fallen‹ ist natürlich ein Unterschied, mein Lieber. Ja, ich brauche Künstler. Nur Künstler erschüttern heute noch das Herz. Wenn ihr richtig arbeiten würdet, müßte euer Publikum in die Hände klatschen! Dir fällt ja nichts ein! So kann ich dein Engagement natürlich nicht verlängern.« (S. 39)

Noch durch die Wortwahl aus der Welt des Theaters kennzeichnet Brecht die Bettler nicht nur als Demonstrationsobjekte für sein Geschäft, das von Moral lebt – dies eine Neuerung Brechts gegenüber Gay –, sondern auch als Beispiel für die zwei prinzipiellen Darstellungsweisen: Mitleid erregend oder nicht, einfühlsam oder distanziert. So präsentiert Brecht mit den Bettlern als handelnden und handlungstragenden Bühnenfiguren die alte Form eines Theaters, das seiner Meinung nach von Moral lebt und vor allem Mitleid zu erwecken sucht. Dagegen setzt er sein neues Theater, zunächst das »epische Theater« genannt (vgl. Kap. 1.5), das auf der Bühne sowohl die alte Spielweise ausstellt als auch die Differenz – die Bettler sind keine wirklichen Bettler, sondern sie spielen diese nur – aufzeigt.

Die *Dreigroschenoper* kann deshalb als Paradigma für das »epische Theater« gelten, da sie nicht nur die neue Darstellungsweise, sondern zugleich auch noch die alte präsentiert – Brechts Theaterstück als ein *Theaterdiskurs*: eine Theaterkritik im Theater, ein Darstellungskommentar auf der Bühne.

Komplementär zum betonten Anfang inszeniert Brecht einen markanten Schluss; noch einmal betont er die Differenz zwischen Theater und Wirklichkeit. Peachum, der eingangs ein Theaterprinzip in die Theaterrealität überträgt (das Bettlergeschäft wird theatergemäß organisiert), wird im *Dritten Dreigroschen-Finale* zum »richtigen« Theaterregisseur. Er gibt seine Geschäftsrolle auf und agiert als Sprecher des Publikums, dessen Wünsche gemäß Brechts Vorstellungen vom »alten Drama« wenigstens im Theater befriedigt werden sollen. Besonders hervorgehoben wird in dieser letzten Szene die Kunst des Zeigens als Kennzeichen der epischen Spielweise, die nicht die Illusion erzeugt, die »Demonstranten seien wirklich die Demonstrierten« (GW 16, 557). Ein letztes Mal spielen die Personen der *Dreigroschenoper* Theater. Dadurch kann Gays nur thematisierte »poetische Gerechtigkeit« des guten Endes bei Brecht zum szenischen Bild werden. Eine klassische Figur des alten Theaters – »der reitende Bote« –, der Brecht ein ganzes Kapitel in seinen *Anmerkungen zur »Dreigroschenoper«* (GW 17, 999) widmet, tritt so als Zitat im »neuen Theater« auf. Mit dem Schlussbild – »Hoch zu Roß erscheint Brown als reitender Bote« (S. 97) – demonstriert Brecht sinnbildlich das alte Theater; es ist zum Bühnenrequisit im »epischen Theater« geworden. Zugleich weist das neue epische Theater vom Theater weg auf die Wirklichkeit.

Die Illusion wird zerstört, die Darstellung im Theater sei mit dem Dargestellten identisch. Mit der Kritik dieses Prinzips schließt auch Brechts »Klassiker« innerhalb seiner theatertheoretischen Schriften, das *Kleine Organon für das Theater:*

»Die Abbildungen müssen nämlich zurücktreten vor dem Abgebildeten, dem Zusammenleben der Menschen, und das Vergnügen an ihrer Vollkommenheit soll in das höhere Vergnügen gesteigert werden, daß die zutage getretenen Regeln in diesem Zusammenleben als vorläufige und unvollkommene behandelt sind. In diesem läßt das Theater den Zuschauer produktiv, über das Schauen hinaus. In seinem Theater mag er seine schrecklichen und nie endenden Arbeiten, die ihm den Unterhalt geben sollen, genießen als Unterhaltung, samt den Schrecken seiner unaufhörlichen Verwandlung. Hier produziere er sich in der leichtesten Weise; denn die leichteste Weise der Existenz ist in der Kunst.« (GW 16, 700)

Auf Grund des originellen Themas der »Inszenierungen« präsentiert Brecht also ein *neues* Stück, denn in Gays *Beggar's Opera* fehlen gerade diese »Theaterdemonstrationen« sowie das Vorspiel mit der *Moritat*. Wenn sich der Vorhang im Theater hebt, ist auf der Bühne sichtbar: »Jahrmarkt in Soho. Die Bettler betteln, die Diebe stehlen, die Huren huren. Ein Moritatensänger singt eine Moritat.« (S. 7) Der Zuschauer hört von den sichtbaren Flossen des Haifischs und den unsichtbaren Handlungen Mackie Messers; gleichzeitig werden alle genannten Handlungen so augenfällig in Szene gesetzt, dass der *Blick* zur Identifikation der Figuren genügt. Zusammengenommen stellt das ganze Vorspiel ein Thema vor, das die *Dreigroschenoper* durchzieht: Inwieweit ist die Realität per Augenschein erkennbar und was passiert ohne sichtbare Beweise? Während dem Auge die Bedeutung der auftretenden Personen klar scheint, ist diese Sicherheit dem Ohr verwehrt – im Gegenteil: »Und Macheath, der hat ein Messer / Doch das Messer sieht man nicht.« (S. 7) Entscheidend sind, so ist dem *Mackie-Messer-Song* zu entnehmen, letztlich die »Vorgänge hinter den Vorgängen« (GW 15,

256 ff.), wie Brecht einen theoretischen Text überschreibt, der sich gleichsam als fortlaufender Kommentar zur *Dreigroschenoper* lesen lässt. Der Zuschauer des Stückes soll also die Vorgänge hinter den sichtbaren Ereignissen und Handlungen erkennen, und ebenso folgt das eigentliche Bühnengeschehen hinter dem vorne gespielten »Vorspiel«. All dies erklärt, weshalb Mackie Messer namentlich gekennzeichnet werden muss – und dies von der Person, die ihn auch im Stück verrät.

4.3 Charakteristik der Bühnenfiguren

Für die Personenkonstellation der *Dreigroschenoper* kommt dem »Vorspiel« eine zentrale Bedeutung zu; denn darin werden nicht nur die beiden Kontrahenten des Stückes, Peachum und Macheath, zusammen mit ihren »Platten«, den Bettlern und den Dieben, vorgestellt, sondern hier treten die beiden Chefs auch noch nebeneinander auf, worauf man im Stück selbst fast bis zum Schluss (S. 93) warten muss. Neben den beiden bereits an ihrem Verhalten erkennbaren Berufsgruppen agieren während des Vorspiels noch die Huren, allerdings ohne Chef/Chefin; damit demonstriert Brecht deren Mittel- und Mittlerposition, da sie im Stück zwischen den Bettlern und Dieben stehen und schließlich die beiden Plattenchefs zusammenführen.

Mit der ersten Szene beginnt nicht nur der bereits beschriebene Theaterdiskurs, sondern auch die Charakteristik der Hauptfiguren sowie die

»Darstellung der bürgerlichen Gesellschaft (und nicht nur ›lumpenproletarischer Elemente‹). Diese bürgerliche Gesellschaft hat ihrerseits eine bürgerliche Weltordnung produziert, also eine ganz bestimmte Weltanschauung, ohne die sie nicht ohne weiteres auskommt. Das Auftauchen des reitenden Boten des Königs ist, wo das Bürgertum seine Welt dargestellt sieht, ganz unumgänglich. Herr Peachum bemüht, wenn er das schlechte Gewissen der Gesellschaft finanziell ausnützt, nichts anderes.« (GW 17, 999)

Brechts Peachum ist nicht mehr Hehler im Sinne Gays, sondern Geschäftsinhaber der Firma »Bettlers Freund« (S. 10). Dadurch distanziert er sich entschieden vom »Verbrecher« Macheath (S. 37, 67), denn er selbst kommt nicht mehr in Konflikt mit dem Gesetz; etwaige Probleme erfordern auch keine (im Interesse wechselseitigen Nutzens) persönliche Verbindung zum Polizeichef mehr; Gays Polizeichef Lockit ist für Peachum überflüssig geworden, wohingegen Brechts Macheath Hilfe benötigt, die er durch den Polizeichef Brown bekommt, zumal das Geschäft mit den Galgenkandidaten ebenfalls nicht mehr Peachum, sondern Macheath organisiert (S. 46). Diese unterschiedlichen Positionen von Peachum und Macheath hinsichtlich der (Il-)Legalität ihrer Geschäfte bedingen auch die verschiedenen Mittel beider, den Konflikt um Pollys Heirat zu lösen. Peachums Vertrauen in das Gesetz, seinem »Legalitätsprinzip«, stehen die gemeinsamen Geschäfte und die Freundschaft Macheath' mit Brown gegenüber. Anfänglich setzt sich der Polizeichef noch für seinen »Kriegskameraden« ein, da er dabei ganz gut verdient, wie die Abrechnungsdiskussion im Gefängnis (S. 91 f.) belegt. Auf Grund der Drohung Peachums (S. 68 f.) muss er später seine Position ändern. Die Bettlerdemonstration stellt daher nicht nur ein Erpressungsmittel Peachums dar, sondern mit ihr lässt sich auch exemplifizieren, was das Geschäft mit dem Elend in letzter Konsequenz bedeutet.

War die Eingangsszene mit der Verwandlung Filchs in einen Bettler eine detaillierte Beschreibung von Peachums Geschäft und dessen Wirkungen, so werden im Laufe des Stückes weitere Gründe für den Erfolg genannt: Wichtig ist vor allem die Quantität, d. h., es muss so viele Bettler geben, dass Peachum zu Recht betonen kann:

»Aber ich habe herausgebracht, daß die Besitzenden der Erde das Elend zwar anstiften können, aber sehen können sie das Elend nicht. Denn es sind Schwächlinge und Dummköpfe, genau wie ihr. Wenn sie gleich zu fressen haben bis zum Ende ihrer Tage und ihren Fußboden mit Butter einschmieren können, daß auch die Brosamen, die von den Tischen fallen, noch fett werden, so können sie doch nicht mit Gleichmut einen Mann sehen, der vor Hunger umfällt, freilich muß es vor ihrem Haus sein, daß er umfällt.« (S. 74)

Der Sieg Peachums im Konkurrenzkampf mit Macheath, der nicht mehr wie bei Gay um die Leitung im Hehlergeschäft und die Aussicht auf eine Mitgift geführt wird, sondern um den Einsatz Pollys im Geschäft, demonstriert zugleich die Bedeutung des Geldes als Machtmittel gegenüber der Freundschaft. In Brechts Drama bestimmen gesellschaftliche Verhältnisse, wie sie in den Songs der beiden ersten *Dreigroschen-Finali* (vgl. S. 42 f., 69 f.) betont werden, das Verhalten der einzelnen Personen. Wenngleich sich Peachum auf das Gesetz beruft, das gegen den Verbrecher Macheath angewandt werden soll, so weiß er doch auch um die Schwierigkeiten, dieses anzuwenden. Peachum kennt jedoch – und dabei lässt ihn Brecht als genauen Beobachter bürgerlicher Verhältnisse handeln – ein geeignetes Mittel: das Geld.

Da sich im Stück alle Figuren auf dieses allgemeine Äquivalent beziehen und es zum Maß ihrer Handlungen machen, kann der Geschäftsmann auch damit rechnen, dass Macheath von den Huren des Geldes wegen verraten wird. Als Kenner der Realität behält er Recht, denn Jenny »verkauft« Macheath im wahrsten Sinne des Wortes. Zugleich dreht sie ihre Rolle um, indem sie von einer »Ware« zum »Verkäufer« derselben wird. Sie übernimmt so die Funktion Macheath', der in früheren Zeiten ihr Zuhälter gewesen war (S. 55). Wenn Jenny auf diese Abhängigkeit hinweist, so betont sie für den Zuschauer indirekt ihre jetzige vermeintliche Unabhängigkeit im Gegensatz zu den anderen Gruppen; diese haben ihre Auftritte stets in Abhängigkeit vom »Chef«, sei es von Macheath bei den Dieben, sei es von Peachum bei den Bettlern. Die Freiheit der Huren besteht zwar der Form nach – die direkte Personenabhängigkeit fehlt (die Rolle der Puffmutter wurde bei den Proben gestrichen) –, doch ist »der Beruf« mit dem zeitweiligen »Verkauf« ihres Körpers verbunden, d. h. mit einer »Unfreiheit«, der gegenüber das Betteln und der Diebstahl wiederum als »frei« erscheinen (vgl. S. 101).

Alle drei dargestellten Tätigkeiten – Bettelei, Diebstahl, Prostitution – finden ihre Gemeinsamkeit in der Differenz zu und Ablehnung von dem, was »bürgerliche Arbeit« gemeinhin charakterisiert: der gesetzlich legitimierte Gelderwerb mittels des Verkaufs von Arbeitskraft.

Nun ist es Brechts dezidiertes Ziel, gerade die Notwendigkeit dieser drei Aktivitäten in sowie ihre Abhängigkeit von der bürgerlichen Gesellschafts- und Rechtsordnung zu betonen und in verschiedenen Szenen anschaulich zu machen: Das Verhalten der »Angestellten« ergänzt dabei die Erklärungen des »Chefs«. Während Peachum wiederholt die Verbindungen zwischen Elend, Mitleid und Betteln (S. 9, 39, 74) betont, hebt Macheath in seiner Abschiedsrede die Bedeutung der Verbrecher und deren historische Rolle hervor:

»Meine Damen und Herren. Sie sehen den untergehenden Vertreter eines untergehenden Standes. Wir kleinen bürgerlichen Handwerker, die wir mit dem biederen Brecheisen an den Nickelkassen der kleinen Ladenbesitzer arbeiten, werden von den Großunternehmern verschlungen, hinter denen die Banken stehen. Was ist ein Dietrich gegen eine Aktie? Was ist ein Einbruch in eine Bank gegen die Gründung einer Bank? Was ist die Ermordung eines Mannes gegen die Anstellung eines Mannes?« (S. 94)

Den Zusammenhang von Prostitution und bürgerlicher Gesellschaft inszeniert Brecht schließlich am »Gewohnheitsverhalten« der Kunden, denn es sind diese »Gewohnheiten« (S. 53), die Macheath jeweils zu den Huren führen und seine Verhaftung ermöglichen.

Auf diese Weise kann Brecht zeigen, wie die Realität (die drei Personengruppen mit ihren Arbeitsformen agieren in der bürgerlichen Gesellschaft) und die entsprechenden Vorstellungen (Bettler, Diebe und Huren gelten nicht als Bürger) auseinander klaffen. So erklärt sich auch Brechts Hinweis an den Maler George Grosz, der Zeichnungen zur »Dreigroschenoper« machen sollte:

»Hauptlinie: *Die Räuber sind Bürger.* Die Bettler haben Sparkassenbücher in der Tasche. Auch die Räuber. Auch die Huren. Der Hochzeitsmahltisch könnte ein Brett über alten Pulverkisten sein. Der Galgen ›zur Verfügung gestellt von der Firma X & Co.‹ Peachums Bibel liegt an einer Kette, gegen Diebstahl. Macheath' Hauptbuch (4. Szene, Mac und Polly) beginnt mit: ›Mit Gott‹. Sozusagen öffnet Macheath Pollys Herz mit einem Dietrich.« (Briefe, S. 241)

Daher wird Peachum, der Geschäftsinhaber, als ganz und gar bürgerliche Erscheinung gezeigt, die sich auf dem Boden des Gesetzes weiß – »Wir halten uns doch alle an das Gesetz!« (S. 75) – und das Mitleidsprinzip des bürgerlichen Theaters für seine Geschäfte nutzt. Deshalb kann seine Arbeit, genauer: die Organisation derselben (denn er selbst arbeitet nicht als »Bettler«), nicht als »Geschäft an sich« abgelehnt werden, es sei denn, man lehnte den Gelderwerb per se ab. Indem Brecht die Bettelei und das Geschäft mittels Peachums Bettlerfirma verbindet, nutzt er in verfremdender Manier die gewöhnlicherweise als Kontrast vorgestellte Beziehung von Bettelei und Geschäft aus. Bei der Gabe lässt sich der Geber gerade nicht vom ökonomischen Kalkül leiten, sondern von Barmherzigkeit und Mitleid. Peachum kehrt diesen Gegensatz um und organisiert mit der Bettelei sein Geschäft. Damit kann Brecht zum einen seinen »Theaterdiskurs« inszenieren und zum anderen lässt sich am Beispiel dieser Sphäre zeigen, wie sehr die Moral von den Prinzipien der Ökonomie abhängig ist. Aus der Erkenntnis, dass die kapitalistisch organisierte Warenform menschliches Elend erzeugt, entwickelt der Stückeschreiber die Darstellung vom Elend als kapitalistisch organisierter Ware. Für den Geschäftsmann Peachum ist dazu jedes Mittel geeignet: Bibelsprüche, Kostüme und vor allem seine Tochter Polly:

»Celia, du schmeißt mit deiner Tochter um dich, als ob ich Millionär wäre! Sie soll wohl heiraten? Glaubst du denn, daß unser Dreckladen noch eine Woche lang geht, wenn dieses Geschmeiß von Kundschaft nur *unsere* Beine zu Gesicht bekommt? Ein Bräutigam! Der hätte uns doch sofort in den Klauen! So hätte er uns! Meinst du, daß deine Tochter im Bett besser ihr Maul hält als du?« (S. 14)

Auf der anderen Seite steht Mackie Messer zwar (noch) nicht ganz auf dem Boden des Gesetzes. Er kann deswegen (noch) nicht als »Bürger« gelten; durch seine guten Kontakte zum Polizeichef ist seine bürgerliche Anerkennung aber nur eine Frage der Zeit. Seine »Platte«, d. h. seine »Mitarbeiter«, organisiert er schon jetzt wie ein bürgerliches Unternehmen. Dazu unterstreichen sein Streben nach »höheren Sphären« wie auch seine kontinuierlichen Hinweise auf bürgerliche (Ess-)Manieren den Unterschied zwischen ihm selbst als »Gentleman« und der Platte als »Dreckhaufen« (S. 22). Dementsprechend proklamiert er guten Gewissens »Blutvergießen ist zu vermeiden« (S. 19), unternimmt praktisch aber nichts dagegen. Im Gegenteil: Er unterstreicht die positiven Resultate. Im Sinne seiner Originalität – der Reputation vom »größten Verbrecher Londons« (S. 41) und seiner Anerkennung als Bandenchef – kann er jedoch keine Eigenständigkeit oder gar Superiorität einzelner Mitglieder dulden, wie der Disput über den Brand im Kinderhospital zeigt (S. 49).

Macheath macht sich die Taten seiner Bandenmitglieder kurzerhand zu Eigen; möglich ist ihm dies allein auf Grund seiner guten Beziehungen zum Polizeichef. Fehlen einmal die gestohlenen Waren einzelner Diebe – die Hauptbücher legen dies sehr genau offen (S. 46) –, werden diese kaltblütig verraten. Der Mechanismus funktioniert, die jeweiligen »Plattenmitglieder«, seien es die Diebe, seien es die Bettler, sind allein »Mittel« für die Geschäftsinhaber und deren Geschäftszwecke. Jede Störung dieser ökonomischen Interessen führt entweder zur Denunziation (S. 46) oder Entlassung (S. 39). Zugleich lässt das Bühnenverhalten erkennen, wie die angestrebten Ziele der beiden Unternehmer verschleiert werden. Macheath ist ein markantes Beispiel dafür, wie sehr Reden und Verhalten auseinander fallen können. Offensichtlich wird dies einerseits an seiner Beziehung zu Polly – er verspricht Treue (S. 47 ff.) und geht ins Bordell – andererseits anhand seiner Geschäftspraxis. Nachdem er Polly Aufträge gegeben hat, was mit der Platte, dem »Abschaum der Menschheit«, geschehen soll, begrüßt er deren Mitglieder kurz danach mit den freundlichen Worten: »Meine Herren, ich freue mich, Sie zu sehen.« (S. 48) Dieses Paradebeispiel einer Verstellung stört ihn keineswegs, obgleich er Polly gerade wegen der »Verstellerei« bei ihrem Seeräuber-Song kritisiert (S. 29). Die Devise »Alles im Interesse des Geschäftes«, welche zu einem bestimmten Zeitpunkt die Aufgabe des Diebstahls und den Einzug ins Bankfach erfordert, aber auch das Insistieren auf gutem Benehmen beim Essen (S. 20 ff.) sowie seine Vorliebe für entsprechend bürgerliche Interieurs weisen Macheath letztlich als die genuin bürgerliche Erscheinung aus, wie sie Brecht in seiner Rollenbeschreibung hervorhebt:

»Der *Räuber Macheath* ist vom Schauspieler darzustellen als bürgerliche Erscheinung. Die Vorliebe des Bürgertums für Räuber erklärt sich aus dem Irrtum: ein Räuber sei kein Bürger. Dieser Irrtum hat als Vater einen anderen Irrtum: ein Bürger sei kein Räuber.« (GW 17, 994)

Auch Brechts Inszenierung der Bordellszene folgt demselben Prinzip, im scheinbar Nichtbürgerlichen das Bürgerliche aufzudecken. Schon die Regieanweisung deutet dies an, wenn es heißt:

»*Gewöhnlicher Nachmittag; die Huren, meist im Hemd, bügeln Wäsche, spielen Mühle, waschen sich: ein bürgerliches Idyll.*« (S. 52)

Der durch das epische Theater geschulte Zuschauer erkennt so im Laufe des Stücks die Gemeinsamkeiten der drei handlungstragenden Gruppen des Vorspiels. Dabei hebt Brecht noch einmal die Besonderheit von Peachums Bettlergeschäft hervor, indem er der Bettlerarbeit als einer »Inszenierung von Häßlichkeit« die Arbeit der Prostituierten entgegensetzt, die mit der »Inszenierung von Schönheit« ihr Geld verdienen. Zugleich sind für Brecht die einzelnen Handlungsweisen – im Gegensatz zu Gay – gerade in ihren Unterschieden wichtig, was Gemeinsamkeiten hinsichtlich der »Darstellung der bürgerlichen Gesellschaft« nicht ausschließt. Deshalb kann es in der *Dreigroschenoper* auch keine zentrale Figur, keinen exponierten Helden geben (wie etwa Peachum bei Gay), auf den alle anderen bezogen sind. Stattdessen gibt es in Brechts Stück mehrere Aktionszentren, die miteinander in Konkurrenz stehen. Gleichwohl stellt manche Inszenierung vor allem Macheath in den Mittelpunkt, indem sie ihn als heldenhaften Bonvivant präsentiert. Auch die neueren Inszenierungen mit Polly als Star übersehen das verzweigte Handlungsnetz des Stückes und die vielfältigen Abhängigkeiten der einzelnen Personen. Zwar durchbricht Peachums Tochter durch die Heirat mit Macheath den Gang der laufenden Geschäfte, wobei sie versucht, ökonomische Interessen zu negieren und ein neues Motiv zur Geltung zu bringen: Liebe. Gleichwohl ist Polly nicht allein Macheath' neue Ehefrau, sondern noch immer hat sie einen Vater, in dessen Geschäft sie arbeiten soll. Daher charakterisiert Brecht ihre Rolle mit einem lapidaren Satz:

»Die Darstellerin der *Polly Peachum* tut gut, die vorstehende Charakteristik des Herrn Peachum zu studieren: sie ist seine Tochter.« (GW 17, 994)

Fasst man die Verbindung der einzelnen Personen in der *Dreigroschenoper* zusammen, so unterhält Macheath, als »Herausforderer« der alten Verhältnisse, zweifellos die meisten Beziehungen, darunter auch jene vom Typ »alte Kameradschaft« – ein typisches Brecht-Motiv. Mit dem Polizeichef Brown verbinden ihn gemeinsame Soldatenerlebnisse – »Der Kanonen-Song« schildert sie en detail –, wodurch die weiteren Entwicklungen keineswegs so diametral entgegengesetzt wirken, wie es zunächst scheint: Gangsterchef und Polizeipräsident machen nicht zuletzt gemeinsame Geschäfte. Auf diese Weise vervollständigt die Figur Brown die Reihe der Charaktere, die »zwei Persönlichkeiten« in sich vereinen, oder wie es Brecht selbst formuliert: »als Privatmann ist er ganz anders als als Beamter« (GW 17, 996). Auch Peachum und Macheath verhalten sich in der Privatsphäre anders als im Geschäftsleben; die Hure Jenny kennt dieses Problem ebenfalls, das sie als ehemalige Geliebte Macheath' durch ihren gemeinsamen Song, die *Zuhälterballade*, veranschaulicht.

4.4 Drama mit Musik oder Oper – Die Musik der »Dreigroschenoper«

Nimmt man Brechts Kommentar zu seinem Werk als Maßstab, dann ist die Gattungsfrage eindeutig beantwortet. Die *Dreigroschenoper* ist ein Drama mit Musik, ein »Versuch im epischen Theater« und kein »Versuch in der epischen Oper« (Versuche, H. 2, S. 44) wie *Aufstieg und Fall der Stadt Mahagonny*. Gleichwohl sieht nicht nur der Textautor, sondern auch der Komponist das Werk in der Traditionslinie der Oper. Bei Brecht heißt es in seinem Programmheftbeitrag zur Premiere in Augsburg: »Formal stellt ›Die Dreigroschenoper‹ den Urtypus einer Oper dar: Sie enthält die Elemente der Oper und die Elemente des Dramas.« (GW 17, 990) Diesen Gedanken des Stückeschreibers konkretisiert der Musiker Kurt Weill im Januar 1929:

»Was wir machen wollten, war die Urform der Oper. Bei jedem musikalischen Bühnenwerk taucht von neuem die Frage auf: Wie ist Musik, wie ist vor allem Gesang im Theater überhaupt möglich? Diese Frage wurde hier einmal auf die primitivste Art gelöst. Ich hatte eine realistische Handlung, musste also die Musik dagegensetzten, da ich ihr jede Möglichkeit einer realistischen Wirkung abspreche. So wurde also die Handlung entweder unterbrochen, um Musik zu machen, oder sie wurde bewusst zu einem Punkte geführt, wo einfach gesungen werden musste. Dazu kam, dass uns dieses Stück Gelegenheit bot, den Begriff ›Oper‹ einmal als Thema eines Theaterabends aufzustellen. Gleich zu Beginn des Stückes wird der Zuschauer aufgeklärt: ›Sie werden heute abend eine Oper für Bettler sehen. Weil diese Oper so prunkvoll gedacht war, wie nur Bettler sie erträumen können, heißt sie die *Dreigroschenoper*.‹ Daher ist auch das letzte Dreigroschenfinale keineswegs eine Parodie, sondern hier wurde der Begriff ›Oper‹ direkt zur Lösung eines Konfliktes, also als handlungsbildendes Element herangezogen und musste daher in seiner reinsten, ursprünglichsten Form gestaltet werden.

Dieses Zurückgehen auf eine primitive Opernform brachte eine weitgehende Vereinfachung der musikalischen Sprache mit sich. Es galt eine Musik zu schreiben, die von Schauspielern, also von musikalischen Laien, gesungen werden kann.« (Weill 1975, S. 55)

Die Gattungsproblematik zeigt sich auch in der Aufnahme der *Dreigroschenoper* in die einschlägigen »Führer«. So ist sie in einigen Opernführern zu finden, in anderen fehlt sie. Oder sie wird 1930 als »Stück mit Musik« in »Reclams Opernführer« besprochen, in der aktuellen Ausgabe hingegen nicht. Einige »Musicalführer« rechnen Brechts Stück schließlich zu dieser Gattung, wobei sie in Marcel Reich-Ranicki einen Fürsprecher finden: »Die ›Dreigroschenoper‹ ist als moderne Operette oder – man kannte das Wort noch nicht – als Musical erfolgreich gewesen. Die ›Dreigroschenoper‹, das war ›My fair Lady‹ der zwanziger Jahre.« (in: Hoffmann/Klotz 1993, S. 91)

Aber nicht nur heute macht die Klassifikation dieses Dramas mit Musik Probleme. So lud 1929 die Zeitschrift »Die Scene« zu einer Rundfrage unter dem Thema »Krisis der Operette« ein, an der neben Franz Lehár, Kurt Weill u. a. auch Brecht teilnahm. Auf die Frage nach einer kommenden Operettenform schrieb er lapidar:

»Ich verstehe nichts vom Operettengewerbe; und man sollte keine Kunst in dasselbe investieren. Was ›Die Dreigroschenoper‹ betrifft, so ist sie – wenn nichts anderes – eher ein Versuch, der völligen Verblödung der Oper entgegenzuwirken. Die Oper scheint mir bei weitem dümmer, wirklichkeitsfremder und in der Gesinnung niedriger als die Operette.« (GW 17, 990)

Brecht macht die Oper als Form und die Oper als Inhalt zum Thema seiner Werke: In der *Dreigroschenoper* ist die Oper als Form das Ziel der Darstellung, während die Oper *Aufstieg und Fall der Stadt Mahagonny* sich thematisch mit der Oper auseinander setzt. Zu deren Inszenierung schrieb Brecht ebenfalls »Anmerkungen« und das darin erstmals vorgestellte »Schema« über einige »Gewichtsverschiebungen vom dramatischen zum epischen Theater« wurde bald zum Paradigmatext der epischen Theatertheorie Bertolt Brechts (vgl. Kap. 1.5).

Der komplexen Figurenkonstellation in der *Dreigroschenoper* (vgl. Kap. 4.3) entspricht die komplexe Darstellungsweise, welche neben den verschiedenen Spielweisen, der aristotelischen und der epischen, noch die sprachliche und musikalische Ausdrucksweise einschließt. Dabei sind die musikalischen Momente – entsprechend der Theorie von der *»Trennung der Elemente«* (GW 17, 1010) – »von den übrigen Darbietungen« (GW 15, 473) streng getrennt. Dennoch erhält auch der musikalische Bereich jenen Vorzeigecharakter, der für die epische Spielweise kennzeichnend ist. Die einzelnen Songs werden in der *Dreigroschenoper* stets so eingeführt, dass der Gesang sprachlich vorbereitet und angekündigt wird. Die Neuerung einer Musik, gemäß den Prinzipien des epischen Theaters, »wurde schon äußerlich dadurch bemerkbar, daß das kleine Orchester sichtbar auf der Bühne aufgebaut war. Für das Singen der Songs wurde ein Lichtwedel vorgenommen, das Orchester wurde beleuchtet, und auf der Leinwand des Hintergrunds erschienen die Titel der einzelnen Nummern« (GW 15, 473). Die Funktion der Musik, die mit ihren Mitteln die Thematik des Stücks darstellt, beschreibt Brecht wie folgt (allerdings scheint es allzu oft bei dieser Intention zu bleiben, denn die reale Wirkung sah und sieht meist anders aus): »Die Musik arbeitete so, gerade indem sie sich rein gefühlsmäßig gebärdete und auf keinen der üblichen narkotischen Reize verzichtete, an der Enthüllung der bürgerlichen Ideologien mit. Sie wurde sozusagen zur Schmutzaufwirblerin, Provokatorin und Denunziantin.« (GW 15, 474)

Konkret wollte Brecht die vermeintlichen Differenzen im Gemütsleben der Zuschauer gegenüber demjenigen der Bühnengestalten decouvrieren: »Das Stück zeigte die enge Verwandtschaft zwischen dem Gemütsleben der Bourgeois und dem der Straßenräuber. Die Straßenräuber zeigten, auch in der Musik, daß ihre Empfindungen, Gefühle und Vorurteile dieselben waren wie die des durchschnittlichen Bürgers und Theaterbesuchers.« (GW 15, 473) Um dies zu erreichen, greifen Brecht und Weill konsequent auf bekannte Musikformen, wie z. B. den traditionellen Choral oder die oft benutzte Fuge zurück; damit wollen sie dem Geschmack des Publikums zunächst entgegenkommen, doch durch die ungewöhnliche Verwendung dieses musikalischen Materials gelingt es, sowohl die Historizität musikalischer Formen auszustellen als auch neue Zusammenhänge zwischen Text und Musik zu erproben.

Ähnlich dem bereits erwähnten Theaterdiskurs (vgl. Kap. 4.2) sowie der Diskussion innerhalb des Stückes darüber, worin sich Bürger und Räuber gleichen, worin sie sich unterscheiden und was letzten Endes die Ursachen für die Ungleichheit der Gesellschaftsmitglieder sind (vgl. Kap. 4.3), entsteht durch den Rekurs auf verschiedene Musikformen in der *Dreigroschenoper* zuletzt auch eine Art »Musikdiskurs«. Verschiedene musikalische Darbietungsweisen werden zitiert und gegeneinandergeführt, so dass am Ende aus der Kritik der bisherigen Verwendung von Musik als »Untermalung« deren neue Funktion erkennbar wird: Als eigenständiger Teil des Stückes kommentiert sie das Verhalten ebenso wie der Text. So benutzt Weill die alten Musikformen wie Menuett und Fugato, um diese durch den formal freien Aufbau, die Harmonik und die Instrumentation zu verfremden: »Die Jazzband schleicht sich hier in den höfischen Tanzsaal ein, nicht gerade zur Freude der Betroffenen.« (Wagner 1977, S. 244)

Ebenso wie für Brechts Darstellung des Theaterdiskurses gilt für Weills Auseinandersetzung mit musikalischen Musikformen, dass Anfang und Ende des Stückes von ganz besonderer Bedeutung sind, d. h. Peachums *Morgenchoral* und der »Choral der Ärmsten der Armen« (S. 97) im *Dritten Dreigroschen-Finale*. Hervorgehoben werden beide Szenen, neben ihrem musikdramaturgischen Zusammenhang, vor allem durch dieselbe Begleitung: das Harmonium. Die Jahrmarktsorgel wird damit zum Mittel im Bühnenbau, denn der Bühnenbildner Caspar Neher platzierte sie direkt in die Bühnenmitte und ließ sie »mitspielen« (vgl. GW 15, 441). Weills Kritik musikalischer Formen kulminiert im *Dritten Dreigroschen-Finale* und ergänzt damit Brechts verfremdende Inszenierung des reitenden Boten:

»Hier wird also noch einmal mit all dem, was den Autoren zuwider ist, verfremdend aufgeräumt: mit den dramaturgischen Kunstgriffen, die seit der griechischen Tragödie geläufig sind, etwa dem Botenbericht und dem ›Deus ex machina‹, weiter mit einer – hier allerdings konkreten – Anspielung auf die mit der Oper (von Wagners ›Lohengrin‹ bis zur italienischen Oper, dem Rezitativ ›Viktoria‹-Rufen) verbundene heruntergekommene bürgerliche Kunstideologie und schließlich mit dem Publikum selbst, das glaubt, in der Oper ewige Werte anbeten zu können.« (Wagner 1977, S. 258)

Die Verbindung von Text und Musik in verfremdender Absicht bestimmt letztlich nicht nur diese so wichtige Schlussszene, sondern durchzieht formal und inhaltlich das ganze Stück. Insofern trifft Egon Voss' Charakteristik genau diesen Zusammenhang, wenn er seine Analyse des Dramas überschreibt: »Die Dreigroschenoper – ein Stück, das keine Oper ist und doch die Oper zum Thema hat« (in: Csampai/Holland 1987, S. 9 ff.).

So wenig Brecht/Weills *Dreigroschenoper* je nur eine aktuelle Version der *Beggar's Opera* war, so wenig ist die Oper alleiniges Sujet. Vielmehr greift das epische Stück mit Musik kontinuierlich in theatralischer, musikalischer und ideologiekritischer Weise auf Widersprüche innerhalb der bürgerlichen Sphäre zurück und präsentiert jeweils zwei Formen: Der neuen epischen Form mit der Enthüllung der bürgerlichen Weltanschauung einschließlich deren Theatralik steht das alte aristotelische Theater mit seiner Apologetik der bürgerlichen Ideologie entgegen. Ziel dabei ist stets, die »bürgerlichen Vorstellungen nicht nur als Inhalt, indem sie diese darstellt, sondern auch durch die Art, wie sie darstellt« (GW 17, 991), auf der Bühne zu inszenieren. Das epische Theater Brechts als neue ästhetische Form enthält daher stets die Kritik der älteren dramatischen Form. Auf diese Weise kann das Hauptanliegen der Theatervorstellungen Brechts deutlich werden: »Das menschliche Verhalten wird als veränderlich gezeigt, der Mensch als abhängig von gewissen ökonomisch-politischen Verhältnissen und zugleich als fähig, sie zu verändern.« (GW 15, 474 f.)

Ist der Theatererfolg der *Dreigroschenoper* heute auch ungeachtet der Gattungsfrage unbestritten, so wird noch immer darüber gestritten, wem der Erfolg gebührt: der Musik oder dem Text.

Schon bald nach der Premiere sahen die einen in den Songs die Ursache für die ausverkauften Vorstellungen, die anderen in der amüsanten Handlung mit Verbrechern, Bettlern und Huren. Die dritte Gruppe schließlich glaubte das Faszinierende in der »neuen Gattung« zu fingen, wie z. B. der Theaterkritiker Herbert Ihering: »Es ist der Durchbruch eines nicht mondän, nicht gesellschaftlich orientierten Theaters in die Publikumszone. [...] Es ist der Triumph der offenen Form. Was Brecht als Bearbeiter, was Weill als Komponist in diesem leichten Nebenwerk geleistet haben, das ist zugleich die Überwindung der Revue zu einer neuen Gattung.« (Mat I, 295 f.)

Insofern ist die heutige Diskussion der *Dreigroschenoper* stets geprägt durch den Erfolg des Stückes und der damit verbundenen Ambivalenz, nach der die »Kritik der Bürger« gerade diese an der *Dreigroschenoper* fasziniert. Deshalb ist beides konstitutiv für eine Auseinandersetzung und kann keineswegs gegeneinander ausgespielt werden. Die Faszination der Musik und der Handlungsführung, die der *Dreigroschenoper* bis heute innewohnt, ist nicht nur Resultat von Brechts gelungener Demonstration des epischen Theaters, noch einfach ein »Missverständnis«, wie es der Philosoph und damalige Musikkritiker Adorno betont (Mat I, 272). Die anhaltende Wirkung des *Dreigroschenoper*-Erfolges eher verständlich machen könnten dagegen jene Argumente, die Elias Canetti bereits für das Premierenpublikum geltend machte:

»Es war der genaueste Ausdruck dieses Berlin. Die Leute jubelten *sich* zu, das waren sie selbst und sie gefielen sich. Erst kam *ihr* Fressen, dann kam ihre Moral, besser hätte es keiner von ihnen sagen können, das nahmen sie wörtlich. Jetzt war es gesagt, keine Sau hätte sich wohler fühlen können. Für Abschaffung von Strafe war gesorgt: der reitende Bote mit echtem Pferd. Die schrille und nackte Selbstzufriedenheit, die sich von dieser Aufführung ausbreitete, mag nur glauben, wer sie erlebt hat.« (Canetti 1980, S. 339)

In einer frühen Notiz bemerkt Brecht: »Wir haben in unsern Schädeln ganz bestimmte Vorstellungen vom Drama, gewisse Vergleiche, Maßstäbe, Forderungen – anstatt Augen, Ohren, und unsere Lust, bestätigt zu werden, ist größer als die, mit Neuem gespeist zu werden.« (GW 15, 46) Diesem Prinzip folgten auch weite Teile des Publikums der Zwanzigerjahre. Zwar wurden Brechts Text und Weills Musik durchaus als neuartiges Werk gefeiert, letztlich aber doch in den gewohnten Theaterbetrieb eingereiht, und in diesem feiert es bis heute Erfolge.

Wie schwer es fällt, die *Dreigroschenoper* einfach auf Augen und Ohren wirken zu lassen, belegen die unüberseh- und unüberhörbaren Folgen des Stückes, die nicht nur zu neuen Stücken, einem Roman und einer enormen Zahl von Musikaufnahmen führten, sondern mittlerweile auch zu drei »Dreigroschenfilmen« – und ein Ende ist nicht abzusehen.

4.5 Die »Folgen« der »Dreigroschenoper«

Folgen zeigte die *Dreigroschenoper* in vielfacher Hinsicht. Marginal blieben die vom Theaterkritiker Kerr initiierte Plagiatsaffäre und die Frage um das geistige Eigentum (vgl. Kap. 1.2). Bedeutender sind Brechts weitere Arbeiten zum Dreigroschenstoff und deren Konsequenzen für die Beurteilung des Erfolgsstückes, das als unmittelbare Folge Brecht den Kauf eines neuen Autos und eines Hauses ermöglichte, wie er es im Gedicht *Zeit meines Reichtums* (GW 8, 418 f.) beschreibt.

Da lange Zeit der komparatistische Blick die Forschung zur *Dreigroschenoper* prägte, lag es nahe, nicht nur das Drama mit seiner Vorlage zu vergleichen, sondern auch mit Brechts späteren Arbeiten zum »Dreigroschenkomplex«, letztlich ebenfalls »Folgen« seiner Beschäftigung mit der Fabel um die Herren Macheath und Peachum sowie der Probleme, die Polly in diesen Konkurrenzkampf trägt. Bemerkenswert dabei ist die Diskrepanz des Werturteils zwischen Publikum und Interpreten. Während der Publikumserfolg entsprechend der Medien-Reihenfolge Theater – Film – Buch abnimmt, steigt proportional dazu die Bedeutung, welche die Interpreten den einzelnen Bearbeitungen des Dreigroschenstoffes beimessen, so z. B. Klaus-Detlef Müller:

»[…] die ›Dreigroschenoper‹ wurde zur erfolgreichsten Theaterproduktion der Weimarer Republik. Angesichts dieser Entwicklung versuchte Brecht, das zunächst nicht ganz ernst gemeinte und nicht konsequent durchgearbeitete Werk durch fortlaufende Kommentierung, Reflexion und Neubearbeitung des Stoffes gleichsam einzuholen und es auf den Stand seiner gesellschaftskritischen und theatertheoretischen Überlegungen zu bringen. In diesem Ringen mit einem Stoff, dessen Adaption überraschend leicht, aber zugleich auch auf eine im Nachhinein problematische Weise gelungen war, ist die Genese des DR [d. h. ›Dreigroschenroman‹, D.W.] zu suchen. ›Beggar's Opera‹, ›Dreigroschenoper‹ und das Filmexposé ›Die Beule‹ sind als Vorstufen in einem Bearbeitungs- und Klärungsprozess anzusehen, in dem sich Gehalt und Tendenz des DR aus einem Stoff entwickelten, dessen gesellschaftskritische Möglichkeiten Brecht erst im Laufe der Bearbeitungsstufen voll bewusst wurden.« (Müller 1980, S. 139)

Problematisch ist dieses Verfahren vor allem aus zwei Gründen. Zum einen glaubt man an eine »Teleologie« innerhalb der Dreigroschenstoff-Bearbeitungen, die im späteren Werk die Korrektur des früheren sieht und im letzten sozusagen die Einlösung der »eigentlichen Idee«. Zum anderen wird dem Medienwechsel kaum Beachtung geschenkt, weshalb nicht klar unterschieden wird, welche Veränderungen Brecht unternahm, um den Stoff dem neuen Medium anzupassen, und welche durch das jeweilige Medium bedingt waren. Anders formuliert: Die Modifikationen für den Filmentwurf *Die Beule* und den Roman mit dem signifikanten und zugleich simplen Titel *Dreigroschenroman* sind Resultat von Brechts Überlegungen, für das jeweilige Medium die geeignete Form zu finden, und daher nur die logische Konsequenz der Einsicht: »Elemente eines Theaterstückes wenig verändert zu verfilmen, wäre nur Unfug.« (TF II, 335) Auf diese Weise nutzte Brecht das Interesse des Publikums an der »Dreigroschenwelt«, um diesem stets eine *neue* Variante vorzuführen – ganz im Sinne der Änderungspraxis, mittels der Brecht aus der *Beggar's Opera* seine *Dreigroschenoper* machte.

Gemeinsamkeiten innerhalb des »Dreigroschenkomplexes« ergeben sich insofern, als alle Arbeiten der gleichen Maxime folgen. Sie hatte Brecht bereits bei der Arbeit am Drama als genuinem Bühnentext berücksichtigt, und während der Verfilmung seiner Oper fasste er sie noch einmal im *Dreigroschenprozeß. Ein Soziologisches Experiment* zusammen: »In Wirklichkeit nämlich existiert gar kein Unterschied zwischen Form und Inhalt und gilt auch hier [bei der Verfilmung eines Dramas, D.W.], was Marx über die Form sagt: sie sei nur so weit gut, als sie die Form ihres Inhaltes sei.« (GW 18, 173 f.) Daher versucht Brecht die Fabel des »Dreigroschenstoffes«, die »Dreigroschengeschichte«, stets sowohl mediengerecht zu erzählen als auch in den beiden, dem Theaterstück folgenden Werken das Medium selbst zu thematisieren, d. h. die Rolle des Films und des Romans in die Dreigroschenstory zu integrieren. Dieses Konzept ist eine der Folgen seiner Arbeit mit der *Dreigroschenoper* und seines Versuchs, das »neue, epische Theater« zu begründen und zugleich das »alte Theater« darzustellen und zu kritisieren. Im Gegensatz zur *Dreigroschenoper* plante Brecht keineswegs einen »Dreigroschenfilm« und auch keinen »Dreigroschenroman«, sondern beide entstanden vielmehr als Reaktionen Brechts, zum einen als Antwort auf den Versuch der Filmgesellschaften, den Bühnenerfolg auf der Leinwand zu wiederholen, zum anderen als Konsequenz der Exilsituation, in der meist allein die Epik Möglichkeiten für Schriftsteller bot, Geld zu verdienen. Für die Lyrik gab es kaum Verleger und Buchkäufer und für die Dramatik fehlten die Bühnen und die Zuschauer.

Als im Sommer 1930 die Nero-Filmgesellschaft Brecht die Möglichkeit bot, die *Dreigroschenoper* nach seinen Drehbuch-Entwürfen zu verfilmen – wobei ihm auch ein »Mitbestimmungsrecht bei der kurbelfertigen Bearbeitung des Stoffes« (GW 18, 14) eingeräumt wurde –, sollten die »stilistischen und inhaltlichen Eigenarten der Dreigroschenoper für den Tonfilm« gewahrt bleiben. Dies sah die Nero in Brechts Filmentwurf *Die Beule* (vgl. Kap. 1.3) nicht erfüllt, woraufhin es zum Prozess kam und Pabst den Film auf der Grundlage eines Drehbuchs von Lania, Vajda, Balázs und »frei nach Brecht« drehte (vgl. zum Inhalt: Foto. Casparius 1978, S. 168 f.). Gemessen an Brechts Idee eines Dreigroschenfilms (vgl. Kap. 1.3; Kocks 1981, S. 106 ff.) kann Pabsts *Dreigroschenoper* zweifellos als »trauriges Machwerk« und eine »schamlose Verschandelung der Dreigroschenoper« (GW 18, 149) – so Brecht – gelten. Denn statt Montagen und Gegenschnittaufnahmen (vgl. Fischetti 1976, S. 55 f.) zog Pabst sanfte Bildübergänge vor, und er trennte die Songs keineswegs von der Handlung; der Funktionswechsel der Schauspieler fand im Film nicht statt. Insgesamt hielt sich der Filmregisseur Pabst stets an den Dramentext und weniger an das Drehbuch (vgl. Foto. Casparius 1978, S. 275 ff.) oder gar an Brechts Filmskript (vgl. Wöhrle 1988, S. 119 ff.).

Das Ziel des Stückeschreibers Brecht war es, den Film nicht nur »zu einer dem Theaterstück halbwegs ebenbürtigen Arbeit zu machen« (GW 18, 150), sondern zu einer absolut gleichwertigen, und dementsprechend konzipierte er einen Brecht'schen Kriminalfilm, d. h. den »Dreigroschenfilm« als verfremdete Version eines klassischen Filmgenres. Der Filmtitel *Die Beule* war Spannungs- und Handlungsmotiv in einem, allerdings mit einem ironischen Unterton, der den ganzen Film durchziehen sollte; denn Bandenkriege wurden in den 20er-Jahren (Al Capone u. a.) nicht mehr als

»Faustkampf« oder mit »Schlägen auf den Kopf«, sondern mit Revolvern geführt. ebenso wurden dem Filmtopos entsprechend Banken *überfallen*, während bei Brecht die Bank *legal übernommen* wurde:

»Die eigentliche Übernahme der altehrwürdigen National Deposit Bank durch die Macheathplatte läßt sich am besten durch ein Bild vergegenwärtigen: Aussteigend aus ihren gestohlenen Autos, zugehend auf das Vertrauen erweckend bescheidene Tor dieses altrenommierten Hauses, überschreiten etwa 40 Herren eine illusionäre Linie auf dem Bürgersteig. Vor dem seinem Auge nicht trauenden Beschauer verwandeln sie sich im Moment des Überschreitens aus den bärtigen Räubern einer versunkenen Epoche in die kultivierten Beherrscher des modernen Geldmarktes.« (TF II, 338 f.).

In gleicher Weise verfremdet Brecht Motive des Krimigenres, wenn er einen Einbruch mit »knallenden Revolverschüssen« pompös inszeniert und dagegen das Diebesgut zeigt: ein »Zahnbürstchen«. Ähnlich verfährt er bei seiner Inszenierung einer Verfolgungsjagd in harten Gegenschnitten, welche nicht um sich schießende Gangster, sondern vergnügte Huren und Polizisten zeigt. Das Filmende sieht bei Brecht die Bestrafung des gerechten Bettlers statt des Banditen Macheath vor, wodurch er letztlich die traditionelle Filmmoral umkehrt, bei der das Böse verliert und das Gute siegt. Neben dem Kriminal- und Gangsterfilm greift das Drehbuch Brechts auch den »Liebesfilm« als Genre auf, dem er teilweise folgt (der Mond als Motiv darf nicht fehlen), dem er aber teilweise neue Inhalte unterlegt, wenn z. B. Polly ihre Rolle als Objekt aufgibt und zum Subjekt der Aktionen wird – und all dies in einem Krimi, in dem die Frauen sonst nur Nebenrollen spielen.

Insgesamt legt der Filmautor Brecht größten Wert auf die Montage von Genres und Handlungssträngen sowie auf das »Sichtbare«. Eine Beule eignet sich auf Grund ihrer ständigen Veränderung bestens für Groß- und Nahaufnahmen, denn Peachum inszeniert deren Größe je nach dem Stand der Dinge im Kampf gegen seinen Konkurrenten Macheath. Gleiches gilt für Macheath' grandios organisierte Hochzeit oder Peachums durchgeführte Bettlerdemonstration gegenüber der nur angedrohten im Theaterstück. Als Dreigroschenfilm sollte *Die Beule* auf diese Weise bekannte Filmgenres zitieren, um damit »das Attentat auf die bürgerliche Ideologie […] auch im Film« (GW 18, 179) zu ermöglichen, das Brecht im Drama begonnen hatte und das auch drei Jahre später im Zentrum seines Romans stand.

Für diesen ersten und zugleich letzten fertig gestellten Roman griff Brecht neben einer Vielzahl von Büchern und Materialien (die Quellen sind bei Jeske 1984, S. 114 ff. genauestens belegt) nunmehr auch auf seinen »Dreigroschenkomplex« zurück. Von heute aus gesehen lesen sich zahlreiche Passagen aus dem *Dreigroschenprozeß* (vgl. GW 18, 156 ff.) geradezu als Anleitung zu einem Roman im Anschluss an eine Arbeit mit der Filmindustrie. Daneben können die Beschreibungen der Bühnenfiguren in den *Anmerkungen zur »Dreigroschenoper«* (GW 17, 993 ff.) als Charakterstudien für die epische Version gelten. Nach ihnen und entsprechend den historischen Umständen des Romangeschehens werden die einzelnen Figuren entworfen. So wird aus dem ehemaligen Banditen und Bandenführer Macheath, dessen Vorleben und verschiedene Identitäten den Roman wie ein roter Faden durchziehen, der Bankier Macheath. Die Filmversion kennt diesen Übergang ebenfalls, denn der Bankier ist »die modernere, zeitgemäßere Form des Straßenräubers, dessen Gewerbe damit zugleich gesellschaftlich sanktioniert wird« (Müller 1980, S. 146). Auch die Heirat Pollys mit Macheath und Peachums Reaktionen darauf – dies die Grundfabel des Dramas – finden sich in der Romanhandlung wieder, ebenso wie zahlreiche Songs als Motto dienen. Das Thema der »Übernahme der National Deposit Bank« aus dem »Dreigroschenfilm« finden wir gleichfalls in epischer Breite im Roman wieder, wobei Brecht formal auf dessen Krimistruktur zurückgreift, die seiner schon früh öffentlich proklamierten Vorliebe für dieses Genre entgegenkam (vgl. GW 18, 28 ff.).

Insofern gibt das »DEMONSTRANDUM eines DREIGROSCHENROMANS«: »die kleinen verbrecher sind ebenso bürgerlich wie die kleinen bürger / die grossen bürger sind ebenso verbrecherisch wie die kleinen verbrecher« (Brechts Romane, S. 70) die Essenz der Romanhandlung genau wieder, wie es auch das Geschehen der Bühnen- und Filmfassung zusammenfasst.

Neben inhaltlichen Rückgriffen auf den »Dreigroschenkomplex« – der wichtigsten, aber bei weitem nicht einzigen Quelle – übernahm Brecht auch das Prinzip, das »Attentat auf die bürgerliche Ideologie« in jedem Medium neu zu inszenieren. Deshalb ist der Romantitel Brechts zwar die logische Folge der zwei vorigen Werke, aber auch als Kritik einer Gattung zu verstehen, die er zusammen mit anderen Genres des »bürgerlichen Romans«, z. B. Liebesroman, Abenteuerroman, Biografie (vgl. GW 13, 848) satirisch bloßstellt.

So lassen sich auch die zahlreichen medienspezifischen Rezeptionshinweise im *Dreigroschenroman* erklären. Brecht betont wiederholt die Lektüre und die Welt des Buches; von der direkten Anrede an »uns Bücherkäufer« (GW 13, 865) bis zum Auftritt der »Bände der Britischen Enzyklopädie« (GW 13, 1161) reichen die Beispiele.

Dennoch sollte Brechts Roman auch ein Kunstwerk der Jahre 1933/34 sein, das auf die Zeit reagiert, indem es die veränderten gesellschaftlichen Verhältnisse (die Etablierung eines faschistischen Staates gegenüber dessen Propagierung durch die NSDAP im Jahre 1928) in die Handlung integriert. Zugleich schrieb Brecht einen »realistischen Roman«, mit dem er nicht nur den bürgerlichen Roman praktisch kritisieren wollte (GW 18, 17 ff.), sondern auch zeigte, welch vielfältiger Stilmittel (Satire, Montage, Krimi) man sich »im progressiven Sinne« bedienen kann, denn bei deren Wahl »muß man die Realität befragen, nicht die Ästhetik, auch nicht die des Realismus« (GW 19, 349). Der *Dreigroschenroman* stellt insofern Brechts praktischen und zugleich beispielhaften Kommentar zu den Auseinandersetzungen über die Angemessenheit von Schreibtechniken für eine realistische, zeitgemäße Kunst dar, wie sie 1931/32 in der Zeitschrift »Die Linkskurve« geführt wurden. Darüber hinaus wollte Brechts Epik eine Antwort auf die Frage geben, ob »noch Charaktere für den modernen Romanschriftsteller« (GW 18, 84 f.) zu finden seien. Weder wollte er – Gleiches gilt für die Bühnen- und Filmfiguren – nur reagierende oder agierende Charaktere zeigen, noch eine Mischung aus beiden, noch die dabei stets unterstellte »Eindeutigkeit der Charaktere«; die Rezipienten sollten vielmehr die verschiedenen Möglichkeiten des Handelns und die jeweiligen Abhängigkeiten erkennen.

Überdies sind mehrere Handlungsebenen in den Roman »einmontiert«, und auch der Schriftsatz lässt keine Eindeutigkeit mehr zu. Der Sperr- und vor allem der Kursivsatz sollten – wie im Theater und im Film die Songs – die Kontinuität der Handlung aufsprengen.

Als paradigmatisch für dieses Programm kann der Romananfang gelten – auch hier die Parallele zur zentralen Bedeutung des Anfangs im Drama –, mit dem Brecht zur genauen Lektüre auffordert und die Fragen stellt, die die Leser am Ende des *Dreigroschenromans* selbst beantworten können. Als ersten Satz liest man: »Ein Soldat namens George Fewkoombey wurde im Burenkrieg ins Bein geschossen, so daß ihm in einem Hospital in Kaptown der Unterschenkel amputiert werden mußte.« (GW 13, 731) Der grammatikalische Fehler einer Subjekt-/Objektvertauschung verweist auf das zentrale Thema des ganzen Romans: Die alles selbst entscheidenden Subjekte gibt es nicht mehr; sie sind zu Objekten anderer geworden, die vermeintliche Aktivität stellt sich als Passivität heraus. Innerhalb der Verkettung verschiedenster Machenschaften (das Schiffsgeschäft Peachums, Macheaths' Ladenkettengeschäft und seine Karriere bis hin zum Bankdirektor sowie das merkwürdige Maklergeschäft des Herrn Coax, dem er selbst zum Opfer fällt) rollt die Handlung ab. Insbesondere die Ermordung Coax' (GW 13, 1056 ff.), die von drei Seiten geplant und durch permanenten Perspektivenwechsel erzählt wird, zeigt beispielhaft, wie Brecht den Wechsel vom Subjekt zum Objekt inszeniert.

Den historischen Rahmen für all diese wirtschaftlichen Aktivitäten gemäß der von Kipling übernommenen, mehrfach zitierten Maxime: *»Der kranke Mann stirbt und der starke Mann ficht«* (z. B. GW 13, 1148) steckt der Burenkrieg (1899-1902) ab. Im ersten Satz erwähnt, stößt der Leser gemäß dem Strukturprinzip der Montage im Romanverlauf aber auf verschiedene historische Epochen, auf alte Bekannte der *Dreigroschenoper* und neue Gesichter aller Bevölkerungsgeschichten: von den unterschiedlichen Bankiers über die Kleingewerbetreibenden bis zum »Bettler« und Angestellten Fewkoombey. Dagegen begegnet er aber auch vertrauten Personen und Sujets wie der Mitleidsthematik sowie verschiedenen Darstellungsweisen.

Brechts *Dreigroschenroman* und seine »Scherze mit dem Roman« (Wöhrle 1988, S. 127 ff.) schließen die Folgen der *Dreigroschenoper* innerhalb des Brecht'schen Œuvres ab – nicht jedoch für andere Autoren, wie das folgende Kapitel zeigt.

5 Zur Theater- und Wirkungsgeschichte

Es gibt wohl kaum eine Großstadt in Deutschland und keine Metropole in der Welt, in der nicht schon eine Aufführung der *Dreigroschenoper* zu sehen gewesen wäre. Von daher verwundert es nicht, dass die *Dreigroschenoper* oft das erfolgreichste Theaterstück einer Spielzeit war, so z. B. in der Theatersaison 1991/92 mit 20 Inszenierungen, 364 Aufführungen und 184 100 Besuchern oder 1998/99, als 201 801 Personen das Stück sahen.

Die Theatergeschichte dieses meistgespielten Stückes von Brecht ist so umfangreich, dass die hier getroffene Auswahl nur die allerwichtigsten bzw. kontroverse Aufführungen dokumentieren kann, zumal bislang weder im Bertolt-Brecht- noch im Kurt-Weill-Archiv eine komplette Aufführungsdokumentation des Stückes vorliegt.

Die Sammlung der Kritiken beginnt mit der Uraufführung, die deutlich zeigt, wie unterschiedlich die Rezensenten 1928 auf dieses Werk reagierten, zumal es sich ja bei der Premiere um einen anderen Text handelte als in den folgenden gedruckten Fassungen. Ausgespart bleiben dann alle wichtigen Produktionen der folgenden Jahre, in denen es vor allem um Übernahmen der bzw. Abgrenzungen zur Berliner Aufführung ging (Niessen 1959, S. 19 ff.), denn bedeutender für den weiter wachsenden Bekanntheitsgrad des Dramas war sicherlich die Verfilmung durch Georg Wilhelm Pabst im Jahre 1931. Hatten die rechte Presse sowie die Nazis schon früh das Stück angegriffen, so war das Verbot nach 1933 nur die logische Konsequenz. Zwar gab es weiterhin Aufführungen im Ausland – Ernst Josef Aufricht, der Produzent der Uraufführung 1928, wollte seinen Erfolg 1937 in Paris wiederholen –, doch keine großartige Publikumsresonanz.

Die erste Nachkriegs-Inszenierung in Berlin zeitigte dann heftige Kontroversen, die Brecht zu neuen Textpassagen veranlassten, die aber auch 1949 in der Münchner Inszenierung mit Hans Albers als Macheath keine Verwendung fanden. 1954 begann der amerikanische Siegeszug des Stückes – 1933 war das Stück in New York erfolglos geblieben –, denn die Fassung und Inszenierung von Marc Blitzstein am Theatre de Lys mit Lotte Lenya bei der Premiere wurde mit insgesamt 2611 Aufführungen bis ins Jahr 1962 zum Bühnenhit.

Kurz vor Brechts Tod inszenierte Giorgio Strehler 1956 die *Dreigroschenoper* zum ersten Mal und erntete nicht nur Brechts dickes Lob, sondern auch das der Kritik (vgl. Mat II, 158 ff.).

Damit war der Erfolg international. Auch konnte es nicht lange dauern, bis das junge Medium Fernsehen sich des Stückes 1957 annahm, jedoch eher erfolglos. Auch die Freunde des Kinofilms konnten 1963 die *Dreigroschenoper* erneut auf der Leinwand sehen, eine Fassung allerdings, die so gründlich misslang, dass sich die Kritik darin einig war, Pabsts zwiespältige Inszenierung sei dagegen ein wahres Meisterwerk. Auf den Bühnen blieb die *Dreigroschenoper* weiterhin präsent, doch überzeugende Präsentationen blieben in diesen Jahren aus, so dass die Meinung überwog:

»Heute ist die ›Dreigroschenoper‹ in den Zustand eines klassischen Stückes entrückt, was noch dadurch verstärkt wird, dass jedermann die Songs der ersten Besetzung als Schallplattenkonserven zu Haus im Plattenschrank hat. Paradox auch dies. Man kann die klassisch gewordene Dreigroschenoper eigentlich nur nachspielen. Sie eignet sich wenig zur neuen Interpretation, jedenfalls nicht, solange diese westliche Gesellschaft an der Übereinkunft festhält, sich selbst intakt zu finden, andrerseits den Mangel an Konvention, der 1928 noch schockierte, längst in ihr Weltbild einbezogen hat. Sehn, was sich demnächst bei der Neuinszenierung in Ost-Berlin begeben wird.« (Frankfurter Allgemeine Zeitung, 8.10.1958)

Auch die Inszenierung 1960 mit dem Berliner Ensemble (vgl. Mat II, S. 184 ff.) durch Erich Engel änderte daran wenig, ebenso wie Harry Buckwitz' Frankfurter Inszenierung 1965, über die ein Kritiker bezüglich des »gewöhnlichen Theaterbesuchers« schrieb, er »mag an der Aufführung Gefallen finden, als säße er in ›My Fair Lady‹, sich mit Behagen vorstellen, Mackie Messer sei ein direkter Nachkomme des Räuberhauptmanns Rinaldo Rinaldini« (Frankfurter Rundschau 9.4.1965). Erst im Kontext der Studentenrevolte und danach gab es streitbare Aufführungen, so 1968 in Oberhausen, 1975 in Köln und Düsseldorf, wo das Stück vor allem durch zahlreiche Passagen aus Brechts *Dreigroschenroman* ergänzt wurde. Die Oberhausener Inszenierung aktualisierte das Stück in bis dahin ungewohnter Weise (Vietnam-Bilder im Hintergrund, Bergarbeiter singen mit den Schauspielern politische Kampflieder, Fördertürme als Bühnenrequisiten). Ähnliche heftige Debatten folgten 1975 auf Hansgünther Heymes Version, der aus der *Dreigroschenoper* ein Schlüsselstück für die Nazizeit machte, wobei Peachum zum jüdischen Geschäftsmann mit Schabbes-Käppchen, Bart und Kaftan wurde. Nach mehreren Diskussionen (vgl. Frankfurter Rundschau, 2.10.1975) wurde die Inszenierung am Ende von der Brecht-Erbin Barbara Schall-Brecht verboten.

Auf diese Weise lässt sich einmal mehr die Problematik aller *Dreigroschenoper*-Inszenierungen erkennen, die bis heute anhält: die Frage nach einer Aktualisierung des Stückes ganz im Sinne der Brecht'schen Aneignung des Gay-Stückes. Problematisch wurde und wird immer noch die erdrückende Popularität des Stückes empfunden, weshalb es vielen Inszenierungen schwer fällt, sich vom Ballast des Uraufführungsmodells oder der einzelnen Rollenklischees zu befreien.

Diesem Problem musste sich auch Giorgio Strehler stellen, als er 1973 seine neue Interpretation der *Dreigroschenoper* vorstellte, die die Kritiker erneut zu wahren Lobeshymnen hinriss, glaubte man doch »die genaueste, gewissenhafteste, einfallsreichste und theatralischste ›Dreigroschenoper‹« (Die Zeit, 16.3.1973) gesehen zu haben.

Waren die Inszenierungen der 70er-Jahre geprägt von Aktualisierungsbe-strebungen und Experimenten mit dem Stück – 1979 spielte die Scarabäus-Company das Stück mit einer »Playbackfassung« –, so wird das Stück in den 80ern eher wieder textgetreu dargeboten, und dies mit Erfolg: z. B. Christoph Nels Hamburger Inszenierung 1981 oder Heymes Inszenierung in Essen als »Grelle Räuberpistole« (Süddeutsche Zeitung, 25.11.1986). Zu fragen ist dabei, weshalb das Stück immer noch so oft inszeniert wird (vgl. Sauer 1984, S. 21, 255, 387 ff.). Stimmt die Meinung eines Kritikers, der darauf antwortet: »Mit Brechts zusammengeschusterter Anarchismus-Ko-ketterie kann man eben alles machen. Nicht deshalb, weil das Stück so reich und vieldeutig ist, sich jedem bohrenden Neulesen überraschend anders öffnet. Sondern weil es Regietaten so gar keinen Widerstand leistet.« (Rhei-nische Post, 17.3.1975)? Oder ist es das Publikum, das sich immer wieder gerne die Geschichte Macheath', Pollys und Peachums ansieht, dabei zum »Haifisch«-Song mitsummt, kurzum: der Spaß an einer »Oper für drei Groschen«?

Die Tendenz nach eher lustigen Tönen bestimmt auch Roberto Ciullis Inszenierung 1987 und findet 1990 in einer deutsch-deutschen Gemein-schaftsproduktion in Stuttgart als »Brei der Erheiterung« (Stuttgarter Zei-tung, 4.9.1990) ein vorläufiges Ende. Auffallend für die 80er-Jahre sind die spektakulären Bühnenräume. 1981 inszeniert Juri Ljubimow die *Dreigro-schenoper* in Budapest in einem schäbigen englischen Doppeldecker, 1983 lässt sich Jürgen Flimm in Köln um ein Borgward-Wrack eine Art Wohl-standsruine der 50er-Jahre bauen, und 1987 spielt in Günter Krämers Ber-liner Inszenierung das ganze Stück auf einer Treppe.

In den postmodernen 90er-Jahren heißt die Parole für die Regisseure »anything goes«, und so wird das Stück 1991 in Dresden als »›Sex and Crime‹-Revue« (Berliner Zeitung, 2.9.1991) gespielt oder ganz nach der Devise »Heute gilt's«, wie ein Kritiker Katharina Thalbachs Inszenierung kommentiert (Süddeutsche Zeitung, 17.5.1994).

Mit zum Kapitel einer Wirkungsgeschichte der *Dreigroschenoper* gehö-ren jedoch auch die neuen Versionen der alten *Beggar's Opera*, die ohne Brechts Fassung nicht zu denken sind. Stets reizte das Gay-Stück zu Neufassungen, da es sich – wie auch das von Brecht – zeitgemäß arrangie-ren ließ. So verlegte Rainer Werner Fassbinder 1968 die Geschichte um »Mecki, Peach, Peachie, Polle, Lock, Lucy, Klau, Vava und Didi« (Fassbin-der 1970, S. 92) nach München und thematisierte die aktuellen Wechselbe-ziehungen zwischen Sex, Crime und Money, indem er in die traditionelle Gay-Handlung Zeitmotive wie z. B. das Leben in der »Kommune« inte-grierte.

Die drastische Komik dieser *Bettleroper (nach John Gay)* steht dem eher satirischen Ernst gegenüber, mit dem der heutige Präsident der tschechi-schen Republik, Václav Havel, seine *Gauneroper* schrieb, die 1991 von Jiri Menzel als *Prager Bettleroper* verfilmt wurde. 1972 entstanden, durfte die

Gauneroper offiziell nicht gespielt werden, und erst 1976 fand die Uraufführung in Triest statt, ehe es im Sommer 1990 zur offiziellen Prager Erstaufführung kam.

In diesem Stück, dessen Handlung »in der zweiten Hälfte des 18. Jahrhunderts« in London spielt, agieren die bekannten Gay-Figuren, wobei Filch als »unabhängiger Taschendieb« eine neue Rolle im Kampf der beiden großen Organisationen Macheath' und Peachums spielt. So setzt Peachum seine Tochter Polly bewusst ein, um dem »Diebesbrigadenführer, bekannte[n] Abenteurer, Verführer und Lebemann« Macheath durch handfeste Beweise den Prozess zu machen. Aber er und Macheath, der sich selbstständig glaubt und seine Ehre betont, erweisen sich am Schluss als zwei vom Polizeiapparat dirigierte Gangsterbosse, die glauben, zwischen der Korruption ihren Weg gehen zu können; beide erweisen sich als Marionetten in Lockits Hand, wonach Macheath am Ende als Spitzel in Peachums Organisation operiert, die wiederum Lockit kontrolliert, gemäß seiner Devise: »Wer nicht weiß, dass er dient, dient immer am besten!« (Havel 1990, S. 99) Dementsprechend muss Filch, der geheime Held des Stückes, seinen Widerstand gegen dieses Netz an Korruption mit dem Tod bezahlen; er wird von Peachum verraten, den er zuvor als »Verkörperung aller klassischen Prinzipien der Londoner Unterwelt« idealisierte. Die Parallelen zur Bespitzelungspraxis in der Tschechoslowakei der 70er-Jahre, der auch der Autor zum Opfer fiel, liegen in der *Gauneroper* auf der Hand, ebenso wie Havels Absicht, sein Land als korrupte Einheitsorganisation von Gaunern, Spitzeln, Polizisten und Parteifunktionären zu charakterisieren.

Finden sich in der *Gauneroper* nur einige Brecht-Zitate, so ist Heinz Kahlaus *Galoschenoper* davon übersät. Diesem 1978 uraufgeführten, 1980 veröffentlichten Stück fehlt allerdings ein klarer Handlungsablauf. Der Gag, Peachum, Lockit und Macheath als Brüder auf die Bühne zu bringen, wobei die beiden zunächst nichts von Macheath als Familienmitglied wissen und erst nach dessen Verurteilung zum Tode von der Mutter über seine wahre Herkunft, »Sohn des Königs«, aufgeklärt werden, reicht bei weitem nicht aus, Interesse an Kahlaus Bühnenfiguren zu wecken, die der Autor im Nirgendwo zwischen Literatur und Leben ansiedelt. Das Stück, als Verfremdung sowohl des Gay- als auch des Brecht-Dramas gedacht, löst diese Intention nicht ein; anders bei Alan Ayckbourn, dessen *A Chorus of Disapproval* (1984) Gays Stück verfremdet, indem er in seinem Stück das alte Gay-Drama aufführen lässt und so die Probleme der Realität mit Gays Fabel verknüpft.

Ist in Kahlaus *Galoschenoper* der politische Inhalt der *Beggar's Opera* fast ganz verschwunden, so steht die Politik im Zentrum einer afrikanischen Version der *Dreigroschenoper*. *Opera Wonyosi* von Wole Soyinka wurde 1977 in Ife uraufgeführt und 1981 in englischer Sprache publiziert. Dieses Drama lässt erkennen, welche Folgen Brechts Bearbeitungspraxis zeitigte, denn der afrikanische Literaturnobelpreisträger des Jahres 1986 greift auf Brechts *Dreigroschenoper* zurück, wie Brecht ein halbes Jahrhundert zuvor auf Gays *Beggar's Opera*; darüber hinaus aktualisiert Soyinka Brechts Stück so, dass das Publikum eindeutig die Parallelen zwischen korrupten Politikern Nigerias und anderen Zeitereignissen und den Akteuren sowie den Ereignissen im Stück *Opera Wonyosi* wahrnehmen konnte.

Neben Bearbeitungen diente die *Dreigroschenoper* jedoch auch als Objekt von Parodien, die vor allem im Anschluss an die Plagiatsaffäre 1929 entstanden. Noch im selben Jahr verfasste Friedrich Torber *Das vierte Dreigroschen-Finale*, dessen literarische Qualität die Schlussstrophe offen legt:»Ob man ihm hinter alles was er stahl kommt? / Ich bin in diesem Fall kein Optimist: / *Weil erst das Fressen und dann die Moral kommt / in dem Bordell, das unsre Dichtkunst ist.*« (Torberg 1964, S. 148) 1930 schrieb Kurt Tucholsky dann sein *Lied der Cowgoys*, und Max Herrmann-Neiße parodierte 1931 Pollys *Barbara-Song* (S. 35) im Gedicht *Die glückhafte Fahrt gen Hamburg*. In den 50er-Jahren wurde Friedrich Torberg zum extremen Brecht-Gegner; er griff auf verschiedene Songs aus der *Dreigroschenoper* zurück und bezog sie auf den Autor:»Und der Haifisch, der hat Zähne, und die trägt er im Gesicht, / und Bert Brecht, der hat ein Rückgrat, doch das Rückgrat sieht man nicht.« (Torberg 1964, S. 150) In Friedrich Dürrenmatts *Frank der Fünfte,* der »Komödie einer Privatbank«, 1958 geschrieben, 1980 umgeschrieben, eine Parodie des Brecht-Stücks zu sehen, wäre sicher übertrieben, denn trotz deutlicher Hinweise (z. B. »Wollen wir im Wohlstand leben / Müssen wir Geschäfte machen / Und in dieser rohen Welt / Hat der Arme nur zu lachen / Für sein Geld« (Dürrenmatt 1988, S. 25) kann diese Komödie nur »als bloße Epigonik zur ›Dreigroschenoper‹« (Mayer 1971, S. 157) gelten.

Ein weiteres wichtiges Kapitel innerhalb der Wirkungsgeschichte sind inzwischen die drei Verfilmungen der *Dreigroschenoper*: 1931 durch Georg Wilhelm Pabst, 1963 durch Wolfgang Staudte und 1989 durch Menaham Golan. Allerdings mag erstaunen, dass noch niemand Brechts Drehbuch *Die Beule* oder den *Dreigroschenroman* verfilmte, böte sich dieser doch dazu gerade an auf Grund seiner interessanten Fabel, seiner komplexen Handlungsstruktur, seiner vielfältigen und schillernden Romancharaktere, die weitaus »filmischer« als die »Bühnenhelden« sind. Aber der Mythos der »Dreigroschenwelt« haftet allein an Brechts Theaterstück, und daran versuchen alle Verfilmungen, letztlich auch die Bearbeitungen des alten Gay-Stückes, zu partizipieren. Insbesondere die Filmadaptionen bestätigen buchstäblich alle Details jener »Abbauproduktion«, die Brecht 1931 beschrieb. Pabst Filmgesellschaft lehnte es ab, dessen Film »Die Dreigroschenoper« als Verfilmung der alten Bettleroper Gays auszugeben. *Brechts* Name war wichtig und bürgte für das Publikumsinteresse. 1963 setzte man weniger auf den Autor als auf das Markenzeichen *Dreigroschenoper* und den Hit der *Moritat von Mackie Messer*; die Stars, Sammy Davis, Curd Jürgens, Hildegard Knef standen im Rampenlicht. Dies wiederholte sich 1989; inzwischen sind es jedoch Rockstars, die zu Zugpferden werden: Sting als Macheath auf der Bühne oder Roger Daltrey, Leadsänger der Rockgruppe »The Who«, im Film »Mack the Knife« (1989). Wenn der Mackie-Messer-Song dann im gleichen Jahr McDonalds zur Werbung dient und ein Erbe des Sängers Bobby Darin den Konzern auf Schadenersatz in Höhe von 10 Million $ verklagt, da dieser die Hitversion aus dem Jahre 1959 kopiert habe, so zeigen sich Folgen, wogegen der Plagiatsvorwurf Kerrs an Brecht sich als reines Kinderspiel erweist, denn heute geht es längst nicht mehr um drei Groschen.

So ist die *Dreigroschenoper* das Stück Brechts, das ihn am bekanntesten machte, dessen Figuren und Thematik ihn zu zwei anderen Werken veranlassten, das ihn aber auch dazu führte, andere Stücke und andere Werke zu schreiben – eine Folge, die Heiner Müller zynisch auf den Punkt bringt:

»Ohne Hitler wäre aus Brecht nicht Brecht geworden, sondern ein Erfolgsautor. ›Dreigroschenoper‹, ›Mahagonny‹, das wäre glänzend weitergegangen, aber Gott sei Dank kam Hitler, dann hatte er Zeit für sich.« (Müller 1992, S. 187)

Vielleicht sollte es aber gerade in Kenntnis des Stückes und seiner Geschichte besser heißen: Ohne die *Dreigroschenoper* wäre aus Brecht nicht Brecht geworden. Brecht wusste dies, denn er glaubte ernsthaft daran, dass sie nach dem dritten Weltkrieg wiederkommen würde, und dann könnte man die »ganze Welt für drei Groschen kaufen«.

✳

Bei der folgenden aus Platzgründen sehr begrenzten Auswahl von Rezensionen wurden die in- und ausländischen Aufführungen und Kritiken vor allem daraufhin ausgewählt, inwieweit sich in ihnen das jeweilige Regiekonzept sowie der entsprechende Kritikerstandpunkt dazu erkennen lässt, ob die Argumentation auch ohne das Bühnenerlebnis nachvollzogen werden kann und schließlich, worin ihre Bedeutung innerhalb der Aufführungsgeschichte der *Dreigroschenoper* liegt, d. h. allgemein: wodurch sich die verschiedenen Inszenierungen auch als »Spiegel ihrer Zeit« auszeichnen. (Vgl. auch Mat I, 271 ff., Rühle 1967, S. 879 ff.; Fetting 1987, S. 383 ff.; Wyss 1977, S. 79 ff.; Mat II, 124 ff., 158 ff., 184 ff.; Ihering 1980, S. 43 ff.; Funke 1990, S. 73 ff.).

BERLIN 1928. REGIE: ERICH ENGEL

Herbert Ihering/Bie (In: Musikblätter des Anbruch, August/September 1928, S. 259 ff.)

DAS WERK

Die alte Bettleroper von John Gay, ein Londoner Sensationserfolg um 1739, gedacht und erfunden als eine Parodie auf die pathetische Händel-Oper, kommt, umgeformt und bearbeitet nach Berlin, als die Händel-Oper auch in Deutschland wieder eine Renaissance erlebt hat. Aber heute ist Händel keine Welt mehr, gegen die man kämpft. Heute ist Händel ein Stilexperiment. Ein Engpass, durch den die Oper wieder ins Freie gelangt ist.

Die Bettleroper, die *heute* Erfolg haben wollte, musste eine ganz andere Angriffsrichtung haben; zu ganz anderen Werken den Gegentypus schaffen. »Die Dreigroschenoper« von Brecht und Weill bringt den Gegentypus zu Schiffer-Spolianskis »Es liegt in der Luft« und zu Reinhardts »Artisten«.

In der »Dreigroschenoper« tritt zum ersten Male die Gegenwelt mit einem handlichen, unterhaltenden Gebrauchsstück an. Amüsement, das hatten die mondänen Konversationsbühnen gepachtet. Mitreißende, durchdringende Musik, die nahmen die Operettenbühnen für sich in Anspruch. Wir anderen galten als Literaten oder Theoretiker, als »Neuerer« oder bühnenfremde Dogmatiker – obwohl wir nicht anderes wollten, als eine Durchdringung des *ganzen* Theaterkomplexes, als eine Belebung *aller* seiner Elemente, des Schauspiels und der Oper, der Posse und der Operette. Wir wollten nichts als eine Operationsbasis schaffen, von der aus wir den ganzen Bezirk »Bühne« aufrollen könnten. Wir wollten das Theater aus seiner Isolierung herausreißen, in die es geriet, wenn es auf der einen Seite die alten erotischen Dialoge immer wieder abwitzelte; wenn es auf der anderen die »Literatur« als Sondererscheinung, als Sache für Eingeweihte gegen die Unterhaltung auffahren ließ. Die moderne Musik als interessantes Experiment für Fachleute. Die moderne Literatur als artistisches Vergnügen weniger. Die alte Operette, das alte Gesellschaftsstück als die Angelegenheit vieler. In diesem Zusammenhang kann der Erfolg der »Dreigroschenoper« nicht überschätzt werden. Es ist der Durchbruch eines nicht mondän, nicht gesellschaftlich orientierten Theaters in die Publikumszone. Nicht weil Bettler und Einbrecher darin vorkommen, ohne dass ein Kriminalreißer entsteht, nicht nur weil hier eine bedrohliche Unterwelt auftaucht, die alle sozialen Bindungen missachtet, sondern weil hier der Ton gefunden ist, der Moral weder bekämpft noch negiert, der Normen nicht angreift, sondern aufhebt, der, mit Ausnahme des eindeutig travestierenden, das Opernschema travestierenden Schlusses, weder parodistisch noch ernst ist, sondern eine andere Welt verkündigt, in der die Grenzen zwischen Tragik und Humor gefallen sind. [...]

DIE MUSIK

Die Musik Kurt *Weills* zur »Dreigroschenoper« ist gänzlich neu. Die alte englische Bettleroper hatte nur Volkslieder und Balladen, in Solo oder Duett, populäre Melodien, unter die ein dem Stück entsprechender Text gelegt war.

Bei einer in London mit vielem Erfolg gegebenen Wiederholung des John Gay'schen Werkes hielt man sich an die alte Musik. Bei uns hat man, durchaus mit Recht, nicht nur den Text moderner gemacht, sondern auch die Musik neu geschaffen, aus eben dem modernen Jazzgeist heraus, den das alte, damals sehr akrobatische Stück heimlich schon in den Gliedern trug.

Weill war der rechte Mann dafür. Er hat Geschmack und Technik für diese Sache, auch eingelegte Balladen von Villon oder Kipling passend hineinzumusizieren. Er hat an 20 Musiknummern geschaffen, die zum größten Teil von einer außerordentlichen Fantasie und von einem sicheren Stilgefühl zeugen. Er operiert mit einem hinten auf der Bühne halb verstreuten Jazzorchester, das Lewis *Ruth Band* unter Makeben sehr schön, mit Behagen und Verständnis und viel Solokunst spielte. Die Stimmen schreibt er möglichst einfach, so dass die Schauspieler es glatt bewältigen können. Der Stil ist eine interessante Mischung aus archaischen, häufig fugierten Elementen und aus den

Mitteln des Jazz, Tanzrythmen, die die Worte gelenkig machen, lyrischen Episoden, die sich selbst ironisieren, diese undefinierbare Mischung von Gefühl und Tradition, die sich im Augenblick selbst aufheben, tieferes Wesen aller Jazzmusik. Ouvertüre und Zwischenspiele kosten diese Atmosphäre aus, die Ballade von Macheath, die sich aus dem Leierkasten zum Leitmotiv entwickelt, das Seeräuberlied, das Carmenlied, es sind ebenso scharfe, wie amüsante Profile einer Kunst, die hier in Geist und Erfindung eine Art Mustervorbild der modernen Operette liefert, wie sie sein sollte. Bisweilen greift ein Chor ein oder ein Ensemble bildet sich, so in den drei Finales, von denen das erste das witzigste Stück des ganzen Abends ist, auch in seiner höchst komischen Deklamation (das Wort »Verhältnisse«), das zweite ein wenig im Couplet stecken bleibt, das dritte sich zu einer Opernparodie auswächst.

Gl. (In: Neue Preußische Kreuzzeitung, 1.9.1928)

[…] Diese Bettleroper hat nun *Elisabeth Hauptmann* aus dem Englischen des *John Gay* übertragen. Die Herren *Bert Brecht* und *Kurt Weill* haben sich zu edlem Behufe dieser Unternehmung angeschlossen, allerdings mit unbarmherziger Ausscheidung ihrer Talente, die sie ja nun einmal haben. Herr Bert Brecht hat seine Geschmacklosigkeit und sein literatenhaft verwässert, mit Zimt und Zucker sentimentalisch angerührtes Pseudorevoluzzertum dazugetan und der Musiker Kurt Weill seine, von allen Schlagerreminiszenzen der letzten drei Jahre tröstlich umschmeichelte, melodiöse Einfallslosigkeit. Und mit also vereinten Kräften machten sie sich denn an die Bearbeitung dieser englischen Parodie, wobei sie ihr zuerst den eigentlichen Wesenskern entfernten, den eigentlichen Lebensnerv, den *parodistischen*, ertöteten. Die also Gemeuchelte frisierten sie hernach, mit einigen Schauerballaden nach *Kipling* und *Villon* auf, wozu Herr Brecht das Reimgeklapper, und Weill das Saxofongewimmer beisteuerte. […]

Das Ganze ließe sich am besten als eine literarische Leichenschändung bezeichnen, an der das einzig Bemerkenswerte wäre, die Richtigkeit des Objektes, an welcher sie vollzogen wurde, und die, schon kaum noch mit dem gelinden Worte Naivität zu umschreibende Ahnungslosigkeit, mit welcher die Direktion *Ernst Josef Aufricht* sich einbildet, mit solchem absoluten Nichts ein Theaterprogramm auffüllen zu können. Immerhin scheint der Regisseur *Erich Engel* sich der bevorstehenden Pleite etwas bewusst geworden zu sein, da er – wie man hört – schon mit den Proben einer Ablösungs-Novität beschäftigt ist. Er wird sich beeilen müssen!

Da ich nach den ersten fünf Minuten sanft entschlief, ist es mir leider unmöglich, über den Inhalt des Stückes Näheres auszusagen. […]

Leuten, die an chronischer Schlaflosigkeit leiden, empfehle ich zurzeit dringend einen Besuch des Theaters am Schiffbauerdamm. Und wenn sie im Verlaufe solchen Theaterabends nicht von Gähnkrämpfen überwältigt werden, können sie versichert sein, dass ihnen überhaupt nicht mehr zu helfen ist!

OBERHAUSEN 1968. REGIE: GÜNTHER BÜCH

Henning Rischbieter (In: Theater heute 3, 1968, S. 26)

Blinde Agitation

Ein markantes, ein erschreckendes Beispiel: Günther Büchs viel beredete »Dreigroschenoper«-Inszenierung am Oberhausener Theater. Seine Ausgangspunkte hat Büch im Programmheft so formuliert: »Bloßstellung des Bürgertums / Gleichsetzung von Bürger- und Räubertum / Identifikation von High Society und Verbrecherwelt /« –

also »sozial aggressive Tendenz«. Außerdem beruft sich Büch auf Brecht selbst, der 1955 zu Strehler über die bevorstehende Mailänder Aufführung des gleichen Werkes sagte: »Man muß ihnen die Zähne zeigen.«

Also zeigt Büch den Oberhausener Abonnenten – nicht gerade Vertreter der High Society – die Zähne. Das sieht so aus: Im Vorspiel quirlen auf der Drehbühne Statisten durcheinander, im Alltagskostüm von heute, während der Haifischsong von Brecht selbst (Schallplatte) blechern und mit meckernder Schärfe gesungen wird. Aus dem Schnürboden schweben Fotos herab (»Großfotos« sagt Büch in seiner Exaltiertheit, sie sind aber, in Beziehung gesetzt zu den Bühnenmaßen, bestenfalls nicht ganz klein), die »Machtzentren der westlichen Welt« zeigen (Weißes Haus, Elysée-Palast, Bundeshaus etc.). Gegen sie singt Brecht an? Der Bezug ist bloß gewollt, vom Publikum kaum herstellbar.

Foto-Projektionen sind auch, in schütterer Folge, über die ganze Aufführung verteilt. Beispiel: Wenn Macheath und Tiger-Brown im Kanonensong erklären, dass sie aus der anderen Rasse Beefsteak-Tatar gemacht haben, sieht man einen US-Neger-Soldaten mit einem Totenschädel in der Hand, ein Foto aus Vietnam. Der asoziale Zynismus des Songs wird so auf plakativ Aktuelles hingezerrt. Dabei ist das angeführte Beispiel noch einigermaßen treffend, ein Zusammenhang vorhanden. In anderen Fällen wird einfach assoziiert: vom brutalen Nachdruck, mit dem Brechts Text vorgetragen wird, zu heutigen politischen Brutalitäten. Als wenn jedes Foto von prügelnden Polizisten unsere Erkenntnis vermehrte?

Mir scheint: Die Aufführung aktiviert die Oberhausener Theaterbesucher nicht, geschweige denn, dass sie informiert. Ihre Hauptwirkung ist die ästhetische Korrumpierung. Weills Musik wird zermatscht (Büch sagt dazu: stärker rhythmisiert), die Figuren des Stücks werden zu billigen Klischees (Macheath ein Vorstadt-Don Juan mit Bärtchen, Polly eine trutzige Mode-Puppe, Peachum ein dröhnender Finsterling), die Situationen werden eben gerade markiert, die Songs ohne Rücksicht auf Musikalität gebrüllt. Das Publikum lauscht offenen Mundes: So lautstark, markig, bewusstlos hatten sie es wohl noch nicht.

Aber Büch wollte noch eins draufgeben. Er lässt beim zweiten Dreigroschenoper-Finale das Ensemble sich in langer Reihe parallel zur Rampe aufstellen, in ihrer Mitte ein gutes halbes Dutzend Bergleute in frisch gewaschenen und gebügelten Arbeitsanzügen, darunter Schlips und weißes Hemd, hellblaue Helme auf dem Kopf, schwarze Fahnen in den Händen. Aus dem Schnürboden fällt ein rostrotes Tuch herab, hinten auf der Bühne steht ein Förderturm wie aus dem Stabilbaukasten, und zum Männerchor aus dem Lautsprecher »Brüder, zur Sonne, zur Freiheit« singt das Ensemble mit. Eine Strophe, dann Vorhang, Pausenbeifall.

Am Schluss, beim dritten Finale, die gleiche Anordnung noch mal, und jetzt, nach dem (1948 von Brecht neu geschriebenen) Schlusschoral: »Zieht gen die großen Räuber jetzt zu Felde / Und fällt sie allesamt und fällt sie bald: Von ihnen rührt das Dunkel und die große Kälte / Sie machen, daß dies Tal von Jammer schallt« – nach diesen Schlussversen tönt wiederum der Männerchor aus dem Lautsprecher, diesmal: »Wacht auf, Verdammte dieser Erde«, die Internationale also, das Ensemble singt mit, und das Publikum (in der Vorstellung, die ich sah, drei Wochen nach der Premiere) klatscht im Rhythmus mit! Es reagiert wie bei »Hochzeitsnacht im Paradies«, es antwortet nicht auf die »sozial aggressive Tendenz«, sondern auf die ästhetische Verhunzung der »Dreigroschenoper«. Man sieht: Um politisch zu überzeugen, fehlt es Büch an Agitprop-Talent – und wahrscheinlich ihm und seinem Ensemble auch an politischer Überzeugung.

MAILAND 1973. REGIE: GIORGIO STREHLER

Urs Jenny (In: Die Zeit, 16.3.1973)

Ist Macheath noch zu retten?

[...] Milva, frech aufgetakelt als Spelunken-Jenny, ist der »Star« in Giorgio Strehlers Mailänder Neuinszenierung der »Dreigroschenoper«, eine ihrer Sehenswürdigkeiten – und Strehler selbst behandelt sie so sehr als Star, dass er die große Ballade von der Seeräuber-Jenny Polly weggenommen und als reine Auftrittsnummer der Milva gegeben hat. Was mir, bei der Machart dieses Stückes, nicht illegitim erscheint, auch wenn es hier auf Kosten von Guilia Lazzarini geht, die das zickige und das verkitschte, das rührselige und das berechnende kleine Bürgermädchen Polly so genau, so reich an Details spielt und singt, dass ich diese Nummer (gewiss völlig anders) auch von ihr gern gehört hätte.

Strehlers Neuinszenierung der »Dreigroschenoper« bedeutet die Verteidigung einer Legende, denn vor siebzehn Jahren hat Strehler die einzige Inszenierung dieses Stückes seit dem Krieg zu Stande gebracht, die, wie man so sagt, in die Theatergeschichte eingegangen ist – eine Inszenierung, die von Brecht selbst als rettende Erneuerung seines Werkes begrüßt wurde und auf viele spätere (besonders auf die am Berliner Ensemble) prägenden Einfluss gehabt hat. Theaterlegenden sind kaum überprüfbar. Ich war nicht dabei. Kenner versichern, diese neue, bewusst musicalhafte, bewusst kulinarische Inszenierung lasse Strehlers erste, sehr strenge, sehr orthodox »epische« von 1956 weit hinter sich. Ich kann nur versuchen: Dies ist die genaueste, gewissenhafteste, einfallsreichste und theatralischste »Dreigroschenoper«, die ich mir vorstellen kann.

Und damit drängt sich leider ganz mächtig die Frage auf, inwieweit denn dieses recht gewissenlos zusammengezimmerte Stück solche Gewissenhaftigkeit und Genauigkeit der Realisierung vertrage. Bei Strehler, der sich runde vier Stunden Zeit nimmt, um die Geschichte von Peachum und Polly, von Macheath und Tiger-Brown sorgfältig zu erzählen, fällt die »Dreigroschenoper« (vielleicht mehr als in einer platt operettigen Hopplahopp-Inszenierung) auseinander: einerseits die witzigen kleinen Genrebilder, die am Faden einer arg dürftigen, kaum motivierten Bettler-, Ganoven- und Polizistengeschichte aufgereiht sind, andererseits die ingeniösen Musiknummern von Weill, die an Verve und Brisanz diese bescheidene Story weit hinter sich lassen.

Die einzig plausible Geschichte, so scheint mir, ist immer noch die zweihundertfünfzigjährige der »Bettleroper« von John Gay: Da gibt es auf der einen Seite einen Großunternehmer namens Peachum, der die gesamte städtische Kriminalität organisiert, als Hehler betreut und in Ordnung hält, natürlich in bestem Einvernehmen mit dem Polizeichef, der am Gewinn beteiligt und zugleich als Gerechtigkeitshüter erfolgreich ist, weil Peachum alle unkorrekten Ganoven bei ihm denunziert; und da gibt es andererseits den dreisten Außenseiter Macheath, der sich um diese Unterweltsordung nicht kümmert, sondern wild herumräubert und also notwendigerweise, als er sich nun auch noch an Peachums Tochter vergreift, in jedermanns Interesse liquidiert werden muss.

Brecht hat diese Fabel weniger umgearbeitet als durcheinander gebracht, indem er bestimmte Peachum-Texte (die diesen als bürgerlichen Geschäftsmann charakterisieren) Macheath zuschreibt, ohne weitere Konsequenzen daraus zu ziehen; indem er Macheath zum Busenfreund des Polizeichefs macht; und also, da auch die geschäftliche Rivalität wegfällt, Peachum als einziges Motiv für seinen Kampf gegen Macheath jene moralische Entrüstung lässt, mit der der Galanteriehändler Wesener (in den »Soldaten« von Lenz) reagiert, als sich seine Tochter mit einem Offizier einlässt. Diese

Motiv-Verwirrungen lassen sich nur erklären, wenn man erkennt, dass Brecht damit zwei in seinem Frühwerk stereotype, ganz irrationale Urkonstellationen in die »Dreigroschenoper« projiziert hat: zum einen die lebenslängliche Durch-Dick-und-Dünn-Kameraderie zwischen zwei Männern, die stärker als jede Bindung an Frauen ist (die Freundschaft zwischen Tiger-Brown und Macheath); zum andern die Urfeindschaft und der irrational-maßlose Vernichtungskampf eines Mannes gegen einen andern, der doch genauso gut sein Partner oder Freund sein könnte (der Kampf von Peachum gegen Macheath). Jeder Versuch, fürchte ich, diese unzulänglich motivierte Fantasiestory trotz allem zu rationalisieren und ihr ein noch so grobes Wirtschafts- oder Gesellschaftsmodell abzugewinnen, muss scheitern, denn Brechts flüchtige Operationen haben dazu geführt, dass die Rolle des Macheath nur noch aus großen Theaterauftritten besteht, aber keinen beschreibbaren Charakter, keine erkennbaren Handlungsmotive mehr hat.

[...]

Der Spielrahmen für Strehlers Ganovenspektakel ist pures Theater: Der Moritatensänger, mit dem das Stück beginnt, erscheint als Show-Entertainer, grell geschminkt und in schillerndem Frack; er singt vor dem Vorhang (einem schönen gemalten barocken Theatervorhang mit der allegorischen Darstellung eines fliegenden Triumphwagens); dann erst öffnet sich die Bühne zu einer Ballettpantomime, in der die Gauner, die Dirnen, die Bettler und die Polizisten leichtfüßig vorbeitanzen. Strehlers Typisierungen zielen auf Realismus, aber nicht die Spielweise: Die Peachums (Gianrico Tedeschi und Adriana Innocenti) agieren oft wie ein Clownspaar, die Ganovenbande erinnert an ein Slapstick-Sextett und mehrere große Gruppenszenen sind musikuntermalte Ballettpantomimen. Beim Schlussfinale, das das ganze Ensemble auf dem Steg vor der Bühne versammelt, senkt sich der barocke Vorhang wieder und hoch oben in ihm, auf den Schultern des gemalten allegorischen Wagenlenkers, taucht ein wirklicher Kopf auf und fängt zu singen an: Das ist der reitende Bote des Königs.

So endet Strehlers »Dreigroschenoper« als doppelt parodistisches Theater-Theater. Sie setzt alle großen Wirkungen auf die Musiknummern (und erreicht sie in ihnen); aber sie nimmt die andre, weit unzulänglichere Hälfte des Stückes nicht weniger ernst. Doch das, wie ich glaube, Unmögliche gelingt eben auch Strehler nicht, nämlich die Fabel der »Dreigroschenoper« plausibel zu rationalisieren. Er verlegt das Stück (wie schon manche Regisseure vor ihm) in das Jahr seiner Entstehung und nach Chicago, in ein uns aus dem Kino bekanntes italo-amerikanisches Gangstermilieu: Damit ist viel an realistischen Details zu gewinnen für die Ausstattung (die Ezio Frigerio gemacht hat), für die theatralische Form von Situationen, für die Typisierung von Figuren (manche der Ganoven sprechen sizilianisch), aber nichts für das Ganze.

Denn der angeblich so gefürchtete Macheath, der ein halbes Dutzend schwachköpfiger Märchenbuch-Ganoven herumkommandiert, lässt sich zur Realität Al Capones nicht in Beziehung setzten, und von der romantischen Bettlerfirma Peachum & Co. führt, auch wenn hier statt der Königinnenkrönung ein Präsidentschaftswahlkampf stattfindet, kein Weg zum »Schwarzen Freitag« an der Wall Street. Strehlers Versuch, ein angebliches Kapitalismusmodell, das schon als solches nicht funktioniert, in Richtung auf Faschismus und Materialismus zu verdeutlichen, bringt einen der Höhepunkte der Aufführung: das unerhört aggressive Crescendo des Kanonen-Song, darüber hinaus aber nur hilflose Winke mit Zaunpfählen: Der Bettlerzug wird zu einer Demonstration von Kriegskrüppeln (die ja überdies »falsch« sind), ein Ganove empfängt den Polizeipräsidenten mit Hitlergruß, und dieser selbst stößt, als wäre er plötzlich Arturo Ui, in einem Wutanfall deutsche Wortbrocken in grollendem Hitler-Stakkato aus.

Mit so effektlosen Effekten verglichen, kommt mir beispielsweise eine andere, viel bescheidenere, nämlich bloß individuell charakterisierende Erfindung von Strehler beinah genial vor: Tiger Brown (Gianni Agus) begrüßt seinen Freund Macheath mit einem kurzen Tigerfauchen, so unverkennbar signalhaft, dass man sich gleich denkt, das sei ein Verständigungszeichen der alten Kriegskumpane auf nächtlichen Patrouillen im Dschungel gewesen. Und gegen Ende, als der große Brown allein hinter seinem protzigen Schreibtisch sitzt und weint, weil er den Freund verraten muss, streichelt er unbeholfen einen Porzellantiger, der auf dem Tisch steht und zweifellos ein Geschenk von Macheath ist, und versucht das alte stolze Fauchen noch einmal – doch es missrät ihm zu einem jämmerlichen Miauen. [...]

KÖLN 1975. REGIE: HANSGÜNTHER HEYME

Ulrich Schreiber (In: Frankfurter Rundschau, 14.3.1975)

Oper plus Revue: eine halbe Sache

In seinem Gespräch mit Giorgio Strehler am 25.10.1955 vor dessen erster Inszenierung der »Dreigroschenoper« am Mailänder Piccolo Teatro gab Bertolt Brecht ausdrücklich einer Aktualisierung des Stücks grünes Licht (Strehler: »Man muss die Zähne für die Wahrheit zeigen.«). Was Brecht sechs Jahre nach der Uraufführung im Dreigroschenroman selbst in die Wege geleitet hatte und was Strehler in seinen Inszenierungen 1956 und 1972 fortsetzte (die Verlagerung der Handlungszeit von 1728 auf den Anfang unseres Jahrhunderts, bzw. die Jahre 1914 und 1928), das ist jetzt für Hansgünther Heymes Kölner Inszenierung der Ausgangspunkt.

Mittel dazu ist ihm ein doppeltes Aufbrechen der konsumverdächtigen Oberfläche der »Dreigroschenoper« in einer billige Revueform, der historisches Bildmaterial durch Projektionen auf eine während des Vortrags der Weill-Songs sich herabsenkende Leinwand über die Vorderbühne aufgepfropft wird.

Da laufen, während die Songs in scheinbar alte Rundfunkmikrofone gesungen werden und über Lautsprecher ertönen, während das Hauptlicht erlischt und der oder die Solisten auf der von bunten Glühbirnen gerahmten Bühne im Scheinwerferkegel stehen, alte Wochenschauszenen und ähnliches Filmmaterial ab, das zum Standbild erstarrt. Zur Moritat von Mackie Messer, dem Anstatt-daß-Song, der Ballade vom angenehmen Leben oder dem Kanonensong sehen wir Bilder von frühen Nazi-Umzügen in Deutschland, von herzigen BdM-Gören und KdF-Gläubigen, von Autobahnbau, Judendeportationen, Stuka-Einsätzen und schließlich vom Nürnberger Prozess, wenn Göring & Co. ihr »Nicht schuldig« sprechen.

Doch damit hat Heyme sich übernommen, er kann seine geschichtsphilosophisch unbestreitbare und anti-nostalgische These nicht verwirklichen, dass die angeblich goldenen Zwanzigerjahre ohne die braunen Dreißiger nicht zu haben sind. Das Scheitern der Aufgabe, die »Dreigroschenoper« als Schlüsselstück für eine ihr folgende historische Epoche auszugeben, an ihr Aufstieg und Fall des »Dritten Reichs« zu exemplifizieren (natürlich auch das Ineins von Kapitalismus und Faschismus) – dieses Scheitern hat weniger mit einem regielichen Konzept zu tun als mit der Überschätzung aufklärerischer Möglichkeiten des Theaters.

Die wechselseitige Erhellung des Handlungsablaufs und eingeblendeter Geschichtsmaterialien ist in der Szene selbst verfugt. Die von Bert Kistner gebaute Bühne wird im Hintergrund durch die Nationalitätsflaggen der NATO-Staaten begrenzt. Davor läuft mit einem Minimum an Versatzstücken die zehnteilige Szenenfolge ab, und mit Erstaunen bemerkt man, dass Frau Peachum (Brigitte Drummer) wie die einstige Reichsjugendführerin, dass ihre Tochter Polly (Manuela Alphons) mit artigem Haarzopf auch im BdM-Look herumläuft, dass die Gang des ölig-charmanten Macheath (Hans Schulze) aus rechten Gefolgsleuten besteht: einem Corpsstudenten, einem Landjunker, einem, der sich in alten Landserträumen wiegt, und einem, der aussieht wie der junge Hitler selbst, dass Polizeichef Brown in einer Göring-Montur steckt. Doch die von Heyme als Bezugserhellung intendierten Verfremdungen verselbstständigen sich gegenüber der ästhetischen Form, die der Regisseur dem Stück aufzwingt. In richtiger Erkenntnis, dass nur ein Setzen auf den falschen Glamour von Text und Musik heute dem Publikum romantisches Glotzen austreiben kann, lässt Heyme die »Dreigroschenoper« als schmierigste Nummernrevue, sozusagen als Anti-Zadek spielen.

Dieser Inszenierungsdrang, miese Revue zu produzieren (Brechts Passions-Umkehrung kommt einmal in den Vordergrund, wenn Brown und Macheath wie in einer spätmittelalterlichen Pieta-Figuration einander entgegensinken), ist Heyme durchgehend gelungen. Da kommt keine appetitliche Stimmung im Publikum auf, erscheint das bürgerliche Gehabe der Unterweltler gerade deshalb so provokativ, weil es sich der äußerlich aufgeputztesten, innerlich abgesunkensten Formen bürgerlicher Kunst bedient: der Oper als Revue […]

ZÜRICH 1995. REGIE: HERBERT WERNICKE

Gerhard Persché (In: Wochenpost, 9.3.1995)

Wieder spielen in Herbert Wernickes Inszenierung Konzertflügel eine Rolle. Anfangs drückt sich der Moritatensänger wie beim Liederabend in die Beuge eines solchen Instruments. Dann kommt die Musik freilich konventionell aus dem Graben, der Flügel wird im zweiten Bild von Macheaths Leuten demoliert. Ein Klavierschemel bleibt. Das einzige Möbel auf der Bühne, und die Darsteller intonieren die Songs bewusst oper(ett)nhaft. Beim Parodieschluss kommt dann ein neuer Flügel. Das Klavier als Zeichen ästhetisch verhüllter Aggression gegenüber dem Opernbetrieb, dem Inbegriff bürgerlichen Seins.

Ansonsten: ein Graffiti-Einheits-Raum, zahlreiche Falltüren. Einige Szenen von der Unterbühne, quasi als Hörspiel. Ein roter Ballon mit Blähsucht, zuletzt bühnenfüllend: der Mond von Soho, Symbol der Poesie des Stücks. Zu Mackies Hinrichtung räumt Peachum ihn weg. Erst kommt das Fressen, dann die Moral, steht in Leuchtschrift im Zuschauerraum. Den Zürchern muss man das nicht erst sagen. Wohlwollendes Lachen daher bei aktuellen Anspielungen, Applaussturm am Schluss für eine vor allem ästhetisch hervorragende Inszenierung.

6 Literaturverzeichnis

1. Textausgaben, Materialien zur »Dreigroschenoper«, Vorlagen

Unberücksichtigt bleiben hier alle Typoskriptfassungen, alle nur als Bühnenmanuskripte gedruckte Fassungen sowie alle Fassungen von Kurt Weills Musikverlag, der Universal-Edition, Wien. Vgl. dazu Hinton 1990, S. 12 ff., sowie Kurt Weill, Die Dreigroschenoper, hrsg. v. *Stephen Hinton* und *Edward Harsh*, The Kurt Weill Edition, Series I, Volume 5, New York 2000.

Die Songs der Dreigroschenoper. Postdam 1928.

Die Dreigroschenoper. In: *Bertolt Brecht*, Versuche, H. 3. Berlin 1931, S. 150-233. Reprint Berlin, Frankfurt/M. 1959 und 1977, S. 145-219 [zit. nach der Reprint-Ausgabe als: Versuche mit Heftnummer und Seitenzahl].

Songs aus der Dreigroschenoper. Berlin 1949.

Die Dreigroschenoper. In: *Bertolt Brecht*, Stücke 3, Stücke für das Theater am Schiffbauerdamm (1927-1933). Berlin, Frankfurt/M. 1955, S. 5-165.

Die Dreigroschenoper. In: *Bertolt Brecht*, Gesammelte Werke. werkausgabe edition suhrkamp, 20 Bde. Frankfurt/M. 1967, Bd. 2, S. 393-497 [zit. als: GW mit Band und Seitenzahl].

Die Dreigroschenoper. Frankfurt/M. 1968 (und weitere Auflagen) (=Edition Suhrkamp 229) [nach dieser Ausgabe wird im Text mit Seitenzahl zitiert].

Die Dreigroschenoper. In: *Bertolt Brecht*, Große kommentierte Berliner und Frankfurter Ausgabe. Berlin, Weimar, Frankfurt/M. 1988 ff., Bd. 2, Stücke 2, hrsg. v. *Jürgen Schebera*, S. 229-322, 424-446 [zit. als: GBA mit Band und Seitenzahl].

Bertolt Brechts Dreigroschenbuch, hrsg. v. *Siegfried Unseld*. Frankfurt/M. 1960 (als Taschenbuch 1973 = st 87) [zit. als: Mat I mit Seitenzahl].

Brechts »Dreigroschenoper«, hrsg. v. *Werner Hecht*. Frankfurt/M. 1985 (= stm 2056) [zit. als: Mat II mit Seitenzahl].

Brecht, Bertolt: Texte für Filme I/II. Frankfurt/M. 1969 [zit. als: TF mit Seitenzahl].

Brecht, Bertold: Arbeitsjournal. 2 Bde. und ein Anmerkungsband. Frankfurt/M. 1973 [zit. als: AJ mit Datum].

Brecht, Bertold: Briefe. 2 Bde., hrsg. und kommentiert v. *Günter Glaeser*. Frankfurt/M. 1981 [zit. als: Briefe mit Seitenzahl].

Brecht-Liederbuch, hrsg. und kommentiert v. *Fritz Hennenberg*. Frankfurt/M. 1985 (= st 1216) (Taschenbuchausgabe der 3 Bde. Das große Brecht-Liederbuch, Berlin/DDR, Frankfurt/M. 1984).

Brecht, Bertolt: Gesammelte Werke Supplementband III/IV. Gedichte aus dem Nachlaß. Frankfurt/M. 1982 [zit. als: GW Suppl. mit Seitenzahl].

Brechts Romane, hrsg. v. *Wolfgang Jeske*. Frankfurt/M. 1984.

Ramthun, Hertha: Bertolt-Brecht-Archiv. Bestandsverzeichnis des literarischen Nachlasses. 4 Bde. Berlin/DDR, Weimar 1969 ff. [= BBA.].

Gay, John: The Beggar's Opera, hrsg. v. *Erhard Dahl*. Stuttgart 1988 [zit. als: Gay].

Boeser, Knut: Die Bettleroper des *John Gay*. Renaissance-Theater Berlin. Berlin 1984.

Villon, François: Sämtliche Dichtungen. Zweisprachige Ausgabe. Aus dem Französischen von Walther Küchler. Frankfurt/M. 1988 (= it 1039)

Klammer, Karl (d.i.K.L. Ammer): François Villon. Des Meisters Werke. Leipzig 1907.

2. Biografien, einführende Werke

alles was Brecht ist ... Fakten – Kommentare – Meinungen – Bilder, hrsg. v. *Werner Hecht*. Frankfurt/M. 1998.

Benjamin, Walter: Versuche über Brecht. Frankfurt/M. [6]1981.

Berg, Günter/Jeske, Wolfgang: Bertolt Brecht. Stuttgart 1998.

Bertolt Brecht. Sein Leben in Bildern und Texten, hrsg. v. *Werner Hecht*. Frankfurt/ M. 1978.

Bertold Brecht. Epoche – Werk – Wirkung, hrsg. v. *Klaus-Detlef Müller*. München 1985.

Brecht-Chronik 1898-1956, hrsg. v. *Werner Hecht*. Frankfurt/M. 1997.

Fassmann, Kurt: Brecht. Eine Bildbiographie. München 1958.

Fuegi, John: Brecht. Hamburg 1997.

Hill, Claude: Bertolt Brecht. München 1978.

Kesting, Marianne: Bertolt Brecht in Selbstzeugnissen und Bilddokumenten. Reinbek (1959) [12]1968.

Knopf, Jan: Brecht-Handbuch Theater. Eine Ästhetik der Widersprüche. Stuttgart 1980.

Knopf, Jan: Brecht-Handbuch Lyrik, Prosa, Schriften. Eine Ästhetik der Widersprüche. Mit einem Anhang Film. Stuttgart 1984.

Mayer, Hans: Brecht in der Geschichte. Frankfurt/M. 1971.

Mittenzwei, Werner: Das Leben des Bertolt Brecht oder der Umgang mit den Welträtseln. Frankfurt/M. 1987.

Müller, Klaus-Detlef: Brecht-Kommentar zur erzählenden Prosa. München 1980.

Steinweg, Reiner: Das Lehrstück. Brechts Theorie einer politsch-ästhetischen Erziehung. Stuttgart 1972.

Völker, Klaus: Bertolt Brecht. Eine Biographie. München, Wien 1976.

Voigts, Manfred: Brechts Theaterkonzeption. Entstehung und Entfaltung bis 1931. München 1977.

3. »Die Dreigroschenoper«

Csampai, Attila/Dietmar Holland (Hrsg.): Bertolt Brecht/Kurt Weill »Die Dreigroschenoper«, Igor Strawinsky »The Rake's Progress«. Reinbek 1987.

Fuegi, John: Most Unpleasant Things with »The Threepenny Opera«: Weill, Brecht, and Money. In: A new Orpheus. Essays on Kurt Weill, hrsg. v. *Kim H. Kowalke*. New Haven, London 1986, S. 157-182.

Giles, Steve: Rewriting Brecht: »Die Dreigroschenoper« 1928-1931. In: Literaturwissenschaftliches Jahrbuch 30 (1989), S. 249-279.

Grimm, Reinhold: Werk und Wirkung des Übersetzers Karl Klammer. In: Neophilologus 44 (1960), S. 20-36.

Hecht, Werner: Die »Dreigroschenoper« und ihr Urbild. In: W.H., Sieben Studien über Brecht. Frankfurt/M. 1972, S. 73-107.

Hennenberg, Fritz: Studien zu Brechts Dreigroschenoper. In: *Bertolt Brecht*, Die Dreigroschenoper. Leipzig [4]1986, S. 107-126.

Hennenberg, Fritz: Weill, Brecht und die »Dreigroschenoper«. In: Österreichische Musikzeitschrift 40 (1985), H. 6, S. 281-291.

Hinton, Stephen: Kurt Weill, The Threepenny Opera. Cambridge u.a. 1990.

Lyon, James K.: Bertolt Brecht und Rudyard Kipling. Frankfurt/M. 1976, S. 98-107.

Pöckl, Wolfgang: Formen produktiver Rezeption François Villons im deutschen Sprachraum. Stuttgart 1990.

Schumacher, Ernst: Die dramatischen Versuche Bertolt Brechts 1918-1933. Berlin/DDR 1955, S. 218-256, 549-557.

Speirs, Ronald: A Note on the First Published Version of »Die Dreigroschenoper« and its Relation to the Standard Text. In: Forum for Modern Language Studies 13 (1977), S. 25-32.

Tolksdorf, Cäcilie: John Gays »Beggar's Opera« und Bert Brechts »Dreigroschenoper«. Rheinberg 1934.

Weisstein, Ulrich: Brecht's Victorian Version of Gay: Imitation and Originality in the »Dreigroschenoper«. In: Comparative Literature Studies 7 (1970), S. 314-335.

Wittkowski, Wolfgang: Aktualität der Historizität: Bevormundung des Publikums in Brechts Bearbeitungen. In: Brechts Dramen. Neue Interpretationen, hrsg. v. *Walter Hinderer*. Stuttgart 1984, S. 343-368.

4. »Dreigroschenkomplex« (Oper – Film – Roman) – Brecht und die Musik

Die Dreigroschenoper 63, Werkbuch zum Film. München 1964.

Dümling, Albrecht: Laßt euch nicht verführen. Brecht und die Musik. München 1985.

Fischetti, Renate: Bertolt Brecht: Die Gestaltung des Dreigroschen-Stoffes in Stück, Roman und Film. Diss. Maryland 1971.

Fischetti, Renate: Über die Grenzen der List oder Der gescheiterte Dreigroschenfilm. Anmerkungen zu Brechts Exposé »Die Beule«. In: Brecht-Jahrbuch 1976. Frankfurt/M. 1976, S. 43-60.

Gersch, Wolfgang: Film bei Brecht. Bertolt Brechts praktische und theoretische Auseinandersetzung mit dem Film. Berlin/DDR 1975.

Hennenberg, Fritz: Brecht und Bruinier: Nachrichten über den ersten Brecht-Komponisten. In: Brecht-Jahrbuch 15 (1990), S. 1-43.

Jeske, Wolfgang: Bertolt Brechts Poetik des Romans. Frankfurt/M. 1984.

Kocks, Klaus: Brechts literarische Evolution. Untersuchungen zum ästhetisch-ideologischen Bruch in den Dreigroschen-Bearbeitungen. München 1981.

Kracauer, Siegfried: Schriften, Bd. 2, hrsg. v. *Karsten Witte*. Frankfurt/M. 1979.

Lucchesi, Joachim: Geschärfte Musik. Bertolt Brecht/Kurt Weill: »Die Dreigroschenoper«. In: Diskussion Deutsch 25 (1994), H. 139, S. 323-328.

Lucchesi, Joachim/Ronald K. Shull: Musik bei Brecht. Berlin/DDR 1988.

Photo: Casparius. Filmgeschichte in Bildern. Berlin um 1930. Auf Reisen. Ausstellungskatalog. Berlin 1978 [enthält das Drehbuch von Pabsts Film, S. 275-383].

Weisstein, Ulrich: Von reitenden Boten und singenden Holzfällern: Bertolt Brecht und die Oper. In: Brechts Dramen. Neue Interpretationen, hrsg. v. *Walter Hinderer*. Stuttgart 1984, S. 266-299.

Weisstein, Ulrich: Brecht und das Musiktheater. Die epische Oper als Ausdruck des europäischen Avantgardismus. In: Akten des VII. Internationalen Germanisten-Kongresses Göttingen 1985. Tübingen 1986, Bd. 9, S. 72-85.

Wöhrle, Dieter: Der »Dreigroschenkomplex« – Drei Kunstwerke im Spannungsfeld zwischen dem »Dreigroschenstoff« und seinen medialen Darbietungsformen. In: *D.W.*, Bertolt Brechts medienästhetische Versuche. Köln 1988, S. 87-156, 227-263.

5. Kurt Weill

A new Orpheus. Essays on Kurt Weill, hrsg. v. *Kim H. Kowalke*. New Haven, London 1986.

Drew, David: Kurt Weill. A handbook. London 1987.

Schebera, Jürgen: Kurt Weill, Reinbek b. Hamburg 2000.

Schebera, Jurgen: Kurt Weill. Eine Biographie in Texten, Bildern und Dokumenten. Mainz 1990.

Sprich leise – Wenn du Liebe sagst. Der Briefwechsel Kurt Weill/Lotte Lenya, hrsg. v. *Lys Symonette* und *Kim H. Kowalke*. Köln 1998.

Über Kurt Weill, hrsg. v. *David Drew*. Frankfurt/M. 1975.

Vom Kurfürstendamm zum Broadway. Kurt Weill (1900-1950), hrsg. v. *Bernd Kortländer* u. a. Düsseldorf 1990.

Wagner, Gottfried: Weill und Brecht. Das musikalische Zeittheater. München 1977.

Weill, Kurt: Ausgewählte Schriften, hrsg. v. *David Drew*. Frankfurt/M. 1975.

Weill, Kurt: Musik und Theater. Gesammelte Schriften, hrsg. v. *Stephen Hinton* und *Jürgen Schebera*. Berlin 1990. [veränderte Namensangabe, Mainz 2000]

6. Kultur der Zwanzigerjahre

Adorno, Theodor W.: Jene Zwanziger Jahre. In: *T.W.A.*, Eingriffe. Frankfurt/M. 1963, S. 59-68.

Hermand, Jost/Trommler, Frank: Die Kultur der Weimarer Republik. Frankfurt/M. 1988.

Hoffmann, Hilmar/Klotz, Heinrich: Die Kultur unseres Jahrhunderts 1918-1933. Düsseldorf 1993.

Kracauer, Siegfried: Das Ornament der Masse. Frankfurt/M. 1977.

Peuckert, Detlev: Die Weimarer Republik. Krisenjahre der Klassischen Moderne. Frankfurt/M. 1987.

Schrader, Bärbel/Schebera, Jürgen: Die »goldenen« zwanziger Jahre. Kunst und Kultur der Weimarer Republik. Köln 1987.

Tendenzen der Zwanziger Jahre. Katalog der 15. Europäischen Kunstausstellung. Berlin 1977.

Weyergraf, Bernhard (Hrsg.): Literatur der Weimarer Republik. München 1995.

7. Sonstige Literatur – Brecht in der Kritik

Aufricht, Ernst Josef: Erzähle, damit du dein Recht erweist. Berlin 1966.

Canetti, Elias: Die Fackel im Ohr. Lebensgeschichte 1921-1931. München 1980.

Fassbinder, Rainer Werner: Die Bettleroper (nach John Gay). In: *R.W.F.*, Antitheater. Frankfurt/M. 1970, S. 91-131.

Dürrenmatt, Friedrich: Frank der Fünfte. In: *F.D.*, Gesammelte Werke, Bd. 2, Stücke. Zürich 1988, S. 9-130.

Fetting, Hugo (Hrsg.): Von der Freien Bühne zum politischen Theater. Drama und Theater im Spiegel der Kritik. Leipzig 1987.

Funke, Christoph: Zum Theater Brechts. Kritiken, Berichte, Beschreibungen aus drei Jahrzehnten. Berlin 1990.

Hamburger, Käte: Das Mitleid. Stuttgart 1985.

Hauptmann, Elisabeth: Julia ohne Romeo. Geschichten, Stücke, Aufsätze, Erinnerungen. Berlin/DDR 1977.

Havel, Václav: Die Gauneroper. In: V.H., Die Gauneroper u. a. Theaterstücke. Reinbek 1990, S. 9-99.

Herrmann-Neiße, Max: Mir bleibt mein Lied, Gedichte 4. Gesammelte Werke, hrsg. v. *Klaus Völker*. Frankfurt/M. 1987, S. 365-375.

Ihering, Herbert: Bert Brecht hat das dichterische Antlitz Deutschlands verändert. Gesammelte Kritiken zum Theater Brechts, hrsg. u. eingeleitet v. *Klaus Völker*. München 1980.

Kahlau, Heinz: Die Galoschenoper. In: H.K., Tasso und die Galoschen. Zwei Stücke. Berlin/DDR 1980, S. 5-85.

Müller, Heiner: Krieg ohne Schlacht. Leben in zwei Diktaturen. Köln 1992.

Niessen, Carl: Brecht auf der Bühne. Köln 1959.

Rühle, Günther: Theater für die Republik 1917-1933 im Spiegel der Kritik. Frankfurt/M. 1967.

Riha, Karl: Moritat, Bänkelsong, Protesballade. Zur Geschichte des engagierten Liedes in Deutschland. Frankfurt/M. 1975.

Sauer, Michael: Brecht in der Schule. Beiträge zu einer Rezeptionsgeschichte Brechts (1949-1980). Stuttgart 1984.

Soyinka, Wole: Opera Wonyosi. In: W.S., Six plays. London 1984, S. 295-407.

Strehler, Giorgio: Für ein menschlicheres Theater, hrsg. v. *Sinah Kessler*. Frankfurt/M. 1977.

Torberg, Friedrich: PPP. Pamphlete, Parodien, Post Scripta. München 1964, S. 147 ff.

Voit, Friedrich: Der Verleger Peter Suhrkamp und seine Autoren. Seine Zusammenarbeit mit Hermann Hesse, Rudolf Alexander Schröder, Ernst Penzoldt und Bertolt Brecht. Kronberg/Ts. 1975.

Wyss, Monika: Brecht in der Kritik. München 1977.

8. Discografie (Auswahl)

Da bislang keine vollständigen Discografien der »Beggar's Opera« sowie der »Dreigroschenoper« vorliegen (vgl. Lucchesi/Shull 1988, S. 973 ff., Hinton 1990, S. 218 ff., Schebera 1990, S. 290) und diese oft schnell veralten, seien hier die CD-Aufnahmen vorgestellt, die leichter greifbar sind.

John Gay/Benjamin Britten, The Beggar's Opera, Decca 1993, 436850-2, Laufzeit 108'20.

Kurt Weill, Lost in the Stars. The music of Kurt Weill (mit Sting, Tom Waits u. a.), A&M Records 1985, 395 104-2, Laufzeit 67'33.

Kurt Weill, Die Dreigroschenoper. Historische Originalaufnahmen 1928-1931 (mit Lotte Lenya, Carola Neher u. v. a.), Capriccio 1990, 10346, Laufzeit 71'35.

Kurt Weill, Die Dreigroschenoper (mit Max Raabe, Nina Hagen u. v. a.), RCA 1999, 7432166133-2, Laufzeit 82'23.

Kurt Weill, Die Dreigroschenoper (mit René Kollo, Ute Lemper, Milva u. v. a.), Decca 1990, 820 940-2, Laufzeit 74'53.

Kurt Weill/Bertolt Brecht, Die Dreigroschenoper/Berlin 1930 (mit Kurt Gerron, Lotte Lenya u. v. a.), Teldec 1990, 9031 72025-2, Laufzeit 62'41.

Dominique Horwitz singt The Best of Dreigroschenoper, DGG 1998, 459819-2, Laufzeit 55'44.

987 654